Bin ich zu ungeduldig?

SIBYLLE HAMANN

Bin ich zu ungeduldig?

Vier Jahre mit meiner syrischen Freundin Fatima

FALTER VERLAG

ISBN 978-3-85439-638-3
© 2019 Falter Verlagsgesellschaft m.b.H.
1011 Wien, Marc-Aurel-Straße 9
T: +43/1/536 60-0, F: +43/1/536 60-935
E: bv@falter.at, service@falter.at
W: faltershop.at
Alle Rechte vorbehalten.

Autorin: Sibylle Hamann
Textbeitrag von: Saskia Schwaiger
Lektorat: Helmut Gutbrunner
Umschlagdesign: Dirk Merbach, Raphael Moser
Coverfoto: Motortion Films/Shutterstock
Illustrationen: Georg Feierfeil
Grafik und Layout: Marion Großschädl
Produktion: Susanne Schwameis
Druck: Finidr, s.r.o., 73701 Český Těšín

Wir haben bei diesem Buch im Sinne der Umwelt auf die Verpackung mit Plastikfolie verzichtet.

INHALT

Vorbemerkung 7

Prolog
Syrien, im Sommer 2015 9
Europa, im Sommer 2015 13
Wien, im September 2015 15

Vier Jahre mit Fatima 19
Oktober 2015 bis August 2016 21
September 2016 bis März 2017 48
April 2017 bis Dezember 2017 61
Januar 2018 bis Juni 2018 72

Exkurs
Übers Helfen 91

Epilog 113
Syrien, im Frühjahr 2019 118

Autorin 120

VORBEMERKUNG

Dies ist eine sehr persönliche Geschichte, die nicht von Anfang an zur Veröffentlichung gedacht war.

Viele, viele Menschen waren und sind an dieser Geschichte beteiligt. Ihre Erfahrungen sind berichtenswert – allerdings sollen sie nicht persönlich zuordenbar sein.

Deswegen tragen alle Menschen in diesem Buch nur (teilweise veränderte) Vornamen. Wo notwendig, wurden auch biografische Details verändert, um ihre Identität zu schützen.

Allen sage ich: Danke. Und bitte gleichzeitig um Entschuldigung.

Der Text des Buches basiert in wesentlichen Teilen auf vier Artikeln, die zwischen 2016 und 2018 in der Wochenzeitung *Falter* erschienen sind, sowie auf einem von Saskia Schwaiger geführten Interviewtext.

PROLOG

SYRIEN, IM SOMMER 2015

Die Stadt ar-Raqqa, 200.000 Einwohner, liegt am Ufer des Euphrat. Der Euphrat ist ein breiter, träge dahinfließender Fluss. Seit vielen tausend Jahren gibt es hier Zivilisation. Eine erste Blütezeit erlebte ar-Raqqa im späten 8. Jahrhundert als Hauptstadt des abbasidischen Reiches. Harun ar-Raschid herrschte hier. In Westeuropa kennt man ihn als märchenhaften Kalifen aus den Geschichten von „Tausendundeiner Nacht". Den Arabern und Persern ist er eher wegen seiner grausamen Herrschaftsmethoden in Erinnerung geblieben.

Im modernen Syrien jedenfalls ist ar-Raqqa als multikulturelle, liberale Stadt bekannt. Viele Kurden leben hier, Sunniten, Alawiten, Christen. Ar-Raqqa war stets ein lebendiges Handelszentrum. Hier kreuzen sich wichtige Verkehrswege, große Staudämme erzeugen Strom, Öl liegt unter dem Wüstenboden. Die Uferpromenade am Euphrat war bekannt für ihre Bars und Discos.

2011 begann die syrische Revolution mit ein paar Jugendlichen, die Parolen gegen den Diktator Baschar al-Assad auf Hauswände sprühten. Das war anfangs sehr weit weg, in Daraa, im entgegengesetzten südwestlichen Teil des Landes. Doch der Flächenbrand des Bürgerkriegs weitete sich rasch aus. Regierung gegen Aufständische, Milizen gegen Armee, Milizen gegen andere Milizen. In ar-Raqqa fanden Regierungsgegner aus dem ganzen Land Zuflucht: einerseits die weltlich orientierten Rebellen der Freien Syrischen Armee

(FSA), andererseits jene von der islamischen al-Nusra-Front. Gemeinsam rissen sie im Zentrum der Stadt eine Assad-Statue um und jubelten.

Ar-Raqqa fühlte sich 2013 als die erste befreite Stadt des Landes. Menschen, die aus anderen Landesteilen vor Kämpfen flohen, zogen nach ar-Raqqa zu, die Einwohnerzahl wuchs in dieser Zeit rapide.

Doch schon bald tauchten seltsame Fremde in der Stadt auf. Vermummte Männer mit Bärten und schwarzen Fahnen. Sie kamen über die nahegelegene Grenze aus dem Irak und nannten sich „Islamischer Staat" (IS). Sie schleppten Fahrzeuge und Kriegsgerät heran, zeigten Präsenz auf der Straße, markierten Territorien und begannen, die anderen Rebellengruppen systematisch einzuschüchtern. Man hatte Angst vor ihnen: Viele IS-Kämpfer waren ehemalige Soldaten aus Saddam Husseins Armee, gut geschult im Umgang mit Waffen. Innerhalb von ein paar Monaten hatten sie die letzten Christen aus der Stadt vertrieben und die Regierungsgebäude unter ihre Kontrolle gebracht. Der Großteil der al-Nusra-Rebellen lief auf ihre Seite über, die FSA-Rebellen hingegen ergriffen die Flucht. 2014 erklärte der IS ar-Raqqa zur Hauptstadt ihres Kalifats.

Westeuropa war von dieser Entwicklung beinahe ebenso überrumpelt worden wie die Bewohner von ar-Raqqa. Die Strahlkraft des Islamischen Staats wirkte, via Social Media, weit in unsere Gesellschaften hinein, speziell in die Kinderzimmer mancher junger Muslime der zweiten und dritten Generation. Zu Tausenden strömten sie aus der ganzen Welt ins Kalifat, auch aus Österreich. Sie wollten schießen und morden lernen, Ungläubigen das Fürchten lehren und Allah

Kinder schenken. Nach ar-Raqqa brachten sie Red Bull und Nutella mit.

Der IS hatte am Ufer des Euphrat inzwischen begonnen, seine Terrorherrschaft zu errichten. Schulen wurden geschlossen, die Buben in Trainingscamps gelockt, viele Mädchen verschleppt. Eine Radikalvariante der Scharia ersetzte die Gesetze. Es wurden rigide Preiskontrollen für Gemüse eingeführt und Tanz und Musik verboten. Den Frauen wurde nicht nur die Vollverschleierung inklusive der Augen, sondern auch die Farbe der Schuhe (Schwarz) vorgeschrieben. Eine Sittenpolizei überprüfte die Einhaltung der vielen Regeln und der Gebetszeiten. Es gab öffentliche Hinrichtungen, Enthauptungen, Kreuzigungen. Leichen wurden an Panzer gekettet und demonstrativ durch die Stadt geschleift. Leichen wurden an Verkehrsknotenpunkten viele Tage lang ausgestellt, zur Abschreckung.

Im Geheimen entstand damals „Raqqa Is Being Slaughtered Silently" (RBSS), ein Internetblog von Oppositionellen. Auf Arabisch hat dieser Name einen poetischen Klang. Anfangs arbeiteten die Bürgerjournalisten noch von ar-Raqqa aus, machten heimlich Fotos, schrieben Texte, verbreiteten sie. Nach der ersten Exekution eines Kollegen tauchten sie unter, flohen über die türkische Grenze – und machten weiter: Sie stellten Fotos, Bilder, Videos und Nachrichten online, die sie von Vertrauensleuten aus ar-Raqqa geschickt bekamen. RBSS war für die westliche Welt jahrelang die wichtigste unabhängige Informationsquelle aus dem Kalifat.

Es muss ein Leben wie im Gefängnis gewesen sein. Einem Gefängnis, das noch dazu aus der Luft angegriffen wurde: Amerikaner und Franzosen bombardierten den IS, die syrische Regierungsarmee bombardierte verschiedene Rebellengruppen und das eigene Volk, an ihrer Seite bombten auch die Russen, die türkische Armee bombardierte Kurden. Und alle Bomben trafen natürlich auch die Zivilbevölkerung.

Wer konnte, floh in dieser Zeit in ein Nachbarland. Aber dort waren schon so viele: 1,2 Millionen im Libanon; zwei Millionen in der Türkei. Die Grenzen waren zu dieser Zeit noch offen. Für die Türkei brauchten Syrer kein Visum. Sie konnten sich legal im Land aufhalten, aber versorgt wurden sie nicht. EU-Hilfe für Flüchtlingsprogramme war zwar versprochen, kam aber nicht an. So wohnten die Flüchtlinge in überteuerten Untermieten und wurden auf dem informellen Arbeitsmarkt ausgebeutet. Sie verdingten sich als Tagelöhner in der Landwirtschaft oder als Dienstboten. Ihre Kinder durften offiziell nicht in die Schule gehen. Familien, die bei ihrer Ankunft noch halbwegs wohlhabend waren, brauchten in dieser Zeit, Tag um Tag, ihre Ersparnisse auf.

Und so ist im Sommer 2015 der Punkt erreicht, an dem viele syrische Flüchtlinge in der Türkei keine Zukunft mehr sehen. Der Krieg in ihrer Heimat, wird ihnen klar, wird so bald nicht vorbei sein. Die Kinder müssen irgendwo wieder in die Schule gehen. Das letzte Geld ist bald weg. Und so kommen hunderttausende Menschen etwa gleichzeitig zu dem Schluss: Es reicht, wir gehen nach Europa!

Zwei Varianten gibt es für syrische Familien in jenen Tagen. Es ist eine Charakterfrage, für welche man sich entscheidet, doch sie wird weitreichende Folgen haben, bis heute. Die einen schicken jemanden voraus – meistens den Familienvater oder einen erwachsenen Sohn. Er soll die gefährliche Route über die Ägäis nehmen, sich nach Deutschland durchschlagen, einen Job, eine Wohnung finden und sich anschließend darum kümmern, den Rest der Familie nachzuholen – auf sicherem, legalem Weg, möglichst im Flugzeug.

Andere Familien sagen: Egal was passiert und egal wie gefährlich die Reise wird, wir fahren gemeinsam.

EUROPA, IM SOMMER 2015

Wer sehen will, ahnt schon seit einigen Monaten, dass sich etwas anbahnt. Man sitzt im Railjet von Budapest nach Wien – mit Leuten aus Pakistan, die wahrscheinlich nicht kommen, um sich Schönbrunn anzuschauen. Auch an der Brenner-Grenze sind schon im Frühjahr viele Reisende unterwegs nach Deutschland, die anders ausschauen als die üblichen Touristen: viele junge Männer, einzeln oder in kleinen Gruppen, die meisten tragen nur eine Tasche mit ein paar Habseligkeiten bei sich. Aber man fragt nicht viel an den europäischen Grenzen. Es gilt ja das „Schengen"-Prinzip: keine Kontrollen.

Theoretisch gilt auch das „Dublin"-Prinzip: Demnach ist jenes EU-Land, das ein Flüchtling zuerst betritt, automatisch für das Asylverfahren zuständig. Aber Dublin ist in dieser Zeit de facto bereits abgeschafft. Dass die Flüchtlingsversorgung in Griechenland spätestens seit der Finanzkrise am Boden liegt, weiß man im Rest Europas schon länger. Wegen der unzumutbaren Zustände in den dortigen Lagern werden aus Österreich keine Rückführungen nach Griechenland mehr angeordnet. Doch nach außen hin wird das nicht laut gesagt. Man tut, als gälte Dublin noch und als wäre alles wie immer.

Schon im ersten Halbjahr 2015 haben tausende Flüchtlinge Griechenland verlassen und sich zu Fuß nach Norden auf den Weg gemacht, sie reisen durch Mazedonien, durch Serbien und weiter Richtung Ungarn. Und es kommen nach Griechenland stetig neue nach: An der türkischen Küste, gleich neben den Touristenstränden an der Ägäis, sind Sammelpunkte entstanden, wo Schlepper ganz offen ihre Dienste anbieten, Schwimmwesten und Schlauchboote bereitstellen und für die Überfahrt auf eine der griechischen Inseln Geld kassieren. In Kos, Lesbos, Samos gehen täglich einige hundert Menschen an Land. Staatliche Fähren bringen sie dann aufs griechische Festland.

Noch aber hat die westeuropäische Öffentlichkeit das Thema nicht so richtig auf dem Radar. Man spricht in diesem Sommer über die griechische Staatsschuldenkrise und die Frauen-Fußball-Europameisterschaft. Die Länder auf der Balkanroute versuchen, die Flüchtlinge so unauffällig wie möglich über die nächste Grenze weiterzureichen; sie beschleunigen ihre Durchreise, indem sie Busse und Züge bereitstellen. Nur Ungarn will dem anschwellenden Strom etwas entgegensetzen und kündigt an, an seiner EU-Außengrenze einen Grenzzaun hochzuziehen.

Das Buch „Flucht" der *Presse*-Redakteure Christian Ultsch, Thomas Prior und Rainer Nowak zeichnet gut nach, wie aus diesen verschiedenen gleichzeitigen Dynamiken – Wegschauen, Beschleunigung, Abschottungsversuche – ein Sog entsteht, der immer mehr Menschen mitreißt. Flüchtlinge, die schon allzu lang in Lagern oder notdürftigen Unterkünften ausgeharrt haben, spüren: „Jetzt oder nie!" Alle rundherum setzen sich in Bewegung. Wenn wir zu lange warten, fürchten sie, könnten wir übrig bleiben. Und irgendwann ist es zu spät.

WIEN, IM SEPTEMBER 2015

Die Erschöpfung ist den Menschen anzusehen, die täglich am Hauptbahnhof und am Westbahnhof ankommen. Österreich ist im Ausnahmezustand. Man könnte auch sagen: Es mobilisiert seine besten Kräfte und zeigt, was es kann, wenn es will. An der österreichisch-ungarischen Grenze in Nickelsdorf wird über Nacht ein Empfangszentrum aus dem Boden gestampft: mit Decken, Essen, medizinischer Notversorgung, aber ohne Registrierung.

Von dort werden die Menschen nach Wien gebracht, mit Bussen, Sonderzügen, Taxis oder Privatautos. Am Westbahnhof hat die Caritas ein Versorgungsnetzwerk aufgebaut, an dem sich hunderte Freiwillige beteiligen – sie helfen bei der Essensverteilung, betreuen Kinder in einem eigens eingerichteten Kinderraum, stehen den Menschen mit Rat und Tat bei.

Am Hauptbahnhof, an der Hinterseite, dort, wo die Straßenbahn der Linie D unter den Eisenbahngleisen durchfährt, entstehen gleichzeitig selbstorganisierte Hilfsstrukturen. „Train of Hope" heißt das komplexe, schillernde, basisdemokratische, unübersichtliche Wunderwerk aus privater Initiative. Es gibt eine Krankenstation, in der Ärztinnen und Ärzte erste Hilfe leisten. Es gibt Leute, die Kleider und Schuhe sammeln, sortieren und verteilen. Andere kümmern sich um Lebensmittelspenden und verwalten ein immer komplexer werdendes Lager, in dem von Bananen bis Haarshampoo fast alles angeboten wird. Andere nehmen Vermisstenmeldungen auf. Privatpersonen und Vereine bringen täglich Töpfe mit warmem Essen vorbei – am beliebtesten sind die Eintöpfe des Sikh-Kulturvereins.

Eine ganz besondere Rolle in dieser Zeit spielen österreichische junge Leute mit arabischer, persischer oder türkischer Muttersprache. Sie werden dringend zum Übersetzen gebraucht und erleben – häufig zum ersten Mal in ihrer Schul- oder Berufskarriere –, wie wichtig ihre Sprachkenntnisse sein können.

Die ankommenden Flüchtlinge allerdings sind völlig erschöpft. Viele von ihnen haben auf der strapaziösen Reise traumatische Dinge erlebt – sie waren in Seenot, wurden von Reisegefährten getrennt, sind in Panik, weil sie nicht wissen, wo ihre Angehörigen sind; oder sie haben, speziell in Ungarn, körperliche Gewalt oder Demütigungen erfahren. Die meisten haben keinen Groschen Geld mehr in der Tasche. Viele sind am Ende ihrer Kräfte, haben wunde Füße – und wollen doch, ihr Ziel Deutschland so knapp vor Augen, weiter.

In unserer Freiberufler-Bürogemeinschaft entsteht in dieser Zeit ein improvisiertes Übergangsquartier: Kleingruppen in unterschiedlichsten Konstellationen kommen für eine Nacht, ehe sie am nächsten Tag frühmorgens weiterziehen. Ein, zwei Dutzend Familien lernen wir auf diese Weise kennen – flüchtig, aber intensiv, so als richte ein Scheinwerfer sein Licht ein paar Stunden lang auf zufällig ausgewählte Biografien aus der ganzen Welt.

Da war die afghanische Familie, die mit ihren zwei Kindern auf dem Weg nach Schweden zu ihrem dritten, herzkranken Kind war, das dort in einem Spital im Sterben lag. Da war das syrische Pärchen, sie im neunten Monat schwanger, das sich an unserem Küchentisch darüber stritt, in welches Land sie weiterfahren sollten – er wollte nach Deutschland, sie zu ihrem Bruder nach Frankreich –, und in der Früh getrennte Wege ging. Da waren die drei somalischen Frauen, die, einen kleinen Buben bei sich, mit stoischer, beharrlicher Ruhe den größten Teil des Weges aus Afrika zu Fuß zurückgelegt hatten – in Plastikschlapfen, ein halbes Jahr lang, Schritt für Schritt.

Jedes Mal gab es: ein warmes Abendessen (ohne Schweinefleisch), eine Dusche, eine Nacht in einem richtigen Bett, ein Frühstück. Man schrieb ihre Vornamen auf, machte mit dem Handy Fotos, wünschte alles Gute. Man gab ihnen einen Rucksack mit, eine Jause, frische Socken, ein Lego-Auto für die Kinder, ein Überraschungsei. Zurück ließen sie kaputte Sandalen, Facebook-Adressen mit blumigen Profilen und das vage Versprechen, sich zu melden, wenn sie irgendwo in Deutschland angekommen seien. Bloß nicht innehalten, so knapp vor dem Ziel, sagten diese Rastlosen; immer weiter, immer weiter, morgen sind wir endlich dort.

Ich war viele Jahre lang Auslandsreporterin, gewöhnt, immer parat zu stehen, wenn irgendwo auf der Welt etwas passierte, und hinzufahren. Diesmal bleibe ich zu Hause. Die Welt kommt jetzt zu mir.

VIER JAHRE MIT FATIMA

„ Mein Name ist Fatima. Ich bin 37 Jahre alt. Auf dem Foto könnt ihr mein Gesicht nicht erkennen, so habe ich es mit Linda, der Fotografin, vereinbart. Sie war nicht glücklich darüber, denn es ist schwierig, gute Fotos von einem Menschen zu machen, wenn man das Gesicht nicht erkennen kann. Aber Linda hat mich verstanden. Denn Linda ist Syrerin, genauso wie ich.

Letztes Jahr ist mein Schwager in Syrien getötet worden. Er wurde gefoltert und hingerichtet, weil er Journalist war. Auch mein Bruder wurde verschleppt und gefoltert, bis er am ganzen Körper blau war. Ich habe noch immer Angst um meine Angehörigen, auch hier.

Ich stamme aus ar-Raqqa, das ist eine Stadt mit 200.000 Einwohnern im Norden von Syrien. Ar-Raqqa ist bekannt, weil der Daesch die Stadt okkupiert hat und dort das sogenannte Kalifat ausgerufen hat. Daesch kennt man hier als IS oder „Islamischer Staat".

Wir haben Syrien verlassen, nachdem wenige Tage zuvor die Daesch-Leute einem Soldaten der syrischen Armee in einer öffentlichen Hinrichtung den Kopf abgehackt hatten. Es war in unserem Viertel, ich war beim Einkaufen, als plötzlich Jeeps mit schwerem Geschütz durch die Straßen fuhren und in die Menge brüllten: „Alle zum Platz kommen, jetzt könnt ihr was sehen, kommt alle her!" Männer, Frauen und Kinder wurden mit Waffengewalt zum Platz getrieben, ich rannte zu unserem Haus und beschwor die Kinder drinzubleiben.

Es war schlimm genug, die Schreie zu hören, das Dröhnen der Flugzeuge, das Krachen. Der Krieg hatte uns schon viel abverlangt. Wir hatten keinen Strom mehr, nichts mehr zu essen und zuletzt kein Trinkwasser. Aber der Daesch war das Schlimmste. Wir können nicht bleiben, sagte ich an diesem Abend zu meinem Mann. Wegen der Kinder. Wir müssen fort.

Es war keine leichte Entscheidung. Wir wollten überhaupt nicht weg aus Syrien, denn wir haben ein gutes Leben gehabt, ein sehr gutes Leben sogar. Zu unserem Haus sagte man Villa; 15 Zimmer, drei Stockwerke, zwei Autos. Im Erdgeschoß haben meine Schwiegereltern gewohnt, das ist bei uns so üblich, im zweiten und dritten Stock mein Mann und ich mit unseren drei Kindern.

Das Auto haben wir verkauft, um die Schlepper zu bezahlen. Jetzt wird der Daesch das Haus nützen oder ein General der Armee wohnt darin. Ich weiß es nicht genau. So ist das, wenn jemand sein Haus verlässt und flieht.

Wir haben beide gute Jobs gehabt und gut verdient. Ich bin Ingenieurin, Telekommunikationstechnikerin. Mein Mann und ich haben für dieselbe Firma gearbeitet, von acht bis um drei Uhr nachmittags, das ist bei uns ein normaler Arbeitstag. Die Kinder waren tagsüber bei meinen Eltern, nachmittags habe ich sie nach der Arbeit mit dem Auto wieder abgeholt, Leyla war schon in der Schule.

Erinnerst du dich, Leyla? Wir sind immer gemeinsam Auto gefahren. Ich habe dich auf den Schoß genommen und du hast gelenkt. Und kannst du dich nicht an alles andere erinnern? Dass wir im Dunkeln gesessen sind, weil der Strom abgeschaltet war? An die Flugzeuge? Die Bomben? ❞

OKTOBER 2015 BIS AUGUST 2016

Diese Geschichte beginnt mit dem Foto von drei Paar Kinder-Winterstiefeln. Hugo, unser Hausarzt, hatte sie gekauft. Hugo ist ein grundgütiger, unkomplizierter, kinderloser Mann mittleren Alters. In seiner Ordination, gleich bei uns um die Ecke, gibt es ein selten genütztes Infusionszimmer mit einem Bett. Dort hatte Hugo eben eine syrische Familie einquartiert: Mutter, Vater, drei kleine Kinder. Den Stiefelkauf hatte er stolz auf Facebook präsentiert.

Das war Anfang Oktober im Flüchtlingsherbst, es war noch sonnig und warm. In der Nachbarschaft hatte sich da schon ein bisschen Erschöpfung breitgemacht, den ganzen September hindurch waren atemlose Menschen durchgereist, immer nur für eine Nacht. Aber jetzt wohnt nebenan eine Flüchtlingsfamilie mit drei Kindern. Sie haben Stiefel besorgt, dabei ist der Winter noch fern. Die Familie will nicht nach Deutschland, sie will hierbleiben!

„Hugo, wenn die Kinder hierbleiben, müssen sie hier in die Schule gehen", sagte ich, und ich meinte es nicht ganz uneigennützig. Die Volksschule, in die unser Sohn ging, hatte damals noch keine syrischen Kinder, andere Schulen schon. Wir waren neidisch. Elternverein, Direktorin, Lehrerinnen, Kinder – alle wollten teilhaben an diesem historischen Moment. Es war die Zeit der „Willkommenskultur".

Ich sehe Fatima zum ersten Mal, als ich, zwei gespendete Schultaschen in der Hand, an die Tür des Infusionszimmers klopfe. Fatima trägt eine Tunika, braun-rot-violett. Ein ebenmäßiges Gesicht, prüfende Augen, sie strahlt etwas Aristokratisches aus. Es ist bloß ein ebenerdiger Raum auf den Hinterhof – ein Hochbett, ein Teppich, eine Teeküche. Die Familie wohnt erst ein paar Nächte hier. Doch Fatima lädt zum Kaffee, als handle es sich um ein feudales Landhaus und als sei sie Hausherrin in dritter Generation. Der Kardamom für den Kaffee fehle noch, entschuldigt sie sich in gepflegtem Englisch. Sie wird das Gewürz bald gefunden haben, auch in Wien. Fatima ist eine, die bekommt, was ihr wichtig ist.

Es sind nur ein paar biografische Brösel, die ich bei dieser ersten Begegnung aufschnappe. Dass sie aus ar-Raqqa kommt, heute Hauptstadt des IS (sie sagt „Daesch", das „sch" zischt sie mit abgrundtiefer Verachtung). Dass sie Technikerin war, bei einer Telefonfirma. Dass die Eltern noch in Syrien sind; ihre Schwester irgendwo in der Türkei unterwegs; ein Schwager schon in Kärnten; ein anderer Schwager seit Wochen verschollen, wahrscheinlich Gefangener in den Händen des IS. Wie sehr sie sich fürchtete, im Schlauchboot auf der Ägäis. Wie sie den Kindern erzählte, sie machten jetzt eine lustige Bootsfahrt. Wie der fünfjährige Omar bei der Ankunft in Griechenland sagte, es sei so lustig gewesen, er wolle gleich noch einmal zurückfahren.

„Wie kalt wird es hier im Winter?", fragt Fatima noch.

„Super", sagt die Schuldirektorin, „kommen Sie doch gleich morgen zur Einschreibung vorbei." Feierlich schreiten wir über die Straße, ich bin stolz, als hätte ich einen Finderlohn verdient. Fatima hat ihr lila Kopftuch sorgfältig festgesteckt, die Kinder tragen ihre neuen Stiefel, sie hält zwei an der Hand, ich eines.

Die Direktorin serviert Kekse. Die Kinder baumeln mit den Füßen. Viele Formulare. Ich erspähe Fatimas Geburtsdatum: 37 Jahre ist sie alt. Sie lässt mich übersetzen, sie will genau wissen, was sie unterschreibt. Es wird ein erster Crashkurs über Österreich. Zettel eins: Kinderbilder dürfen auf der Homepage veröffentlicht werden. Fatima nickt. Zettel zwei: Nach einem Atomunfall werden Jodtabletten verabreicht. „Atomunfall?" Sie hebt fragend eine Augenbraue, ehe sie nickt. Zettel drei: In der dritten Klasse ist der Schwimmunterricht verpflichtend. Ich wittere heikles Terrain, bemühe mich um einen neutralen Tonfall, aber meine Bedenken sind überflüssig. Ja, Leyla schwimmt sehr gern, wir müssten bloß noch einen Badeanzug kaufen.

Erst Zettel vier bringt Fatima an ihre Grenzen: der Schulhund. Und die Einverständniserklärung dafür. „Schulversuch", erklärt die Direktorin und lächelt breit. Der Hund liegt im Klassenzimmer, die Kinder sollen ihn streicheln, füttern, versorgen und dabei Verantwortung lernen. Die Direktorin liebt Hunde. In Fatimas Augen streitet Unglauben mit Panik, aber sie schluckt tapfer, als sie auch diesen Zettel unterschreibt. In Syrien, wird sie mir am Heimweg erzählen, gibt es nur Straßenköter. Bissig, flohverseucht, gefährlich. Man schärft Kindern ein, sich stets von ihnen fernzuhalten.

Nächste Station: die Kindergartenanmeldestelle. Meidling, die Hinterseite eines Einkaufszentrums, ein heller Warteraum, fast leer. Während Fatima wieder Formulare ausfüllt, stellt sich mir eine Frau in den Weg. Sie ist von Kopf bis Fuß

in Schwarz gehüllt, trägt einen Niqab, der Mund und Nase verdeckt. Wo man denn „so eine Familie" bekomme, will sie von mir wissen. Ich verstehe nicht. Was nicht an ihrer Sprache liegt – sie klingt, als sei sie Wienerin. Nun, sie möchte Flüchtlinge aufnehmen, sich um sie kümmern, erklärt sie, aber sie wisse nicht, wo man welche finde. Ich stammle: „an den Bahnhöfen, in der Stadthalle" … „Auch bei der Caritas oder Diakonie", was mir aber dann, religiös betrachtet, doch eher unpassend erscheint.

Zum Glück stupst mich in diesem Moment Fatima mit dem Kugelschreiber an. Ihr fragender Blick geht zwischen der Niqab-Frau und mir hin und her. Schwer zu sagen, wer von uns dreien in diesem Moment am verwirrtesten ist.

Die Begegnung verstört mich nachhaltig. Ist es beunruhigend, dass islamistische Fundis gezielt Flüchtlinge suchen? Oder eher beruhigend, dass sie nicht in der Lage sind, welche

zu finden? Womöglich, denke ich mir, gibt es Leute in Österreich, vor denen man Fatima beschützen muss.

In den folgenden Wochen werden zaghaft Distanzen vermessen. Den richtigen Abstand zwischen Interesse und Respekt finden; hilfsbereit sein, aber nicht aufdringlich – wie geht das? Werden Fatima und ihr Mann Mohammed fragen, wenn sie etwas brauchen? Wollen sie reden, sind sie einsam? Oder wollen sie Ruhe? Wir haben alle keine Routine in unseren Rollen. Man flieht ja nicht jeden Tag.

Was schnell klar wird: Am sichersten ist die Gegenwart. Was war und was nächstes Jahr sein wird – das ist beides mit Angst, Verlust, Stress, Sorge verbunden. Nur hier und jetzt ist es gut. Der entspannte Moment morgens, wenn Mohammed mit seinem Kaffee im Türrahmen lehnt, eine Zigarette in den Hof hinausraucht und durchs Fenster in die Ordination hinüberwinkt. Der Moment, wenn Leyla nachmittags um halb vier aus dem Schultor tritt, den Ranzen am Rücken, und den Eltern zuwinkt, die jetzt ganz normale Eltern sind, wie alle anderen um sie herum. „Schlonok", sagt man dann, „wie geht's?" „Alles gut, Habibi!"

Routinen helfen. Abendliche Facebook-Chats gehören dazu, die stets mit Fatimas höflicher Frage nach der Befindlichkeit beginnen und mit vielen Emojis enden. Ich hätte nie gedacht, dass ich je Chat-Sticker mit fliegenden Herzchen versenden würde. Nun tu ich's.

Oder das Küssen. Syrian Style, fest auf die Wange, einmal links, zweimal rechts, und dabei ordentlich drücken. Zwischen Frauen kann das gar nicht innig genug sein. Austrian Style ist, dass auch Frauen und Männer einander küssen, das drängen wir ihnen von Anfang an einfach auf. Fatima ist tief gläubig. Falls sie das Überwindung kostet, verbirgt sie es gut. Die Männer leisten nach einer kurzen Schrecksekunde keinen Widerstand. Inzwischen spielen alle mit. „Fatima, halt mein Bier, damit ich deinen Mann besser küssen kann", sage ich heute. „Ich helfe dir", antwortet sie dann.

Im Spätherbst weitet sich die Sache mit Fatima aus. Es war nicht geplant, es passierte. Ihre Schwester Houdaa und ihr Schwager Omar sind endlich in Wien angekommen, weitere Verwandte, Zufallsbekanntschaften stoßen dazu, über dreißig Menschen zählt die Gruppe schon. Etwa ebenso viele Wiener Freunde wollen helfen. Die einen sammeln Geld. Ein netter Bauträger hat ein Sanierungsobjekt mit Leerstand, das er im Moment nicht braucht. Die nette Hausverwaltung sagt: Hier sind die Schlüssel, sucht euch im Haus Wohnungen aus, die benützbar sind, ihr zahlt nur die Betriebskosten, bis auf Widerruf.

Es ist die Zeit, in der Tausende immer noch in Massenquartieren schlafen, in Sporthallen, auf Matten zwischen Paravents. Da kann man zu einem solchen Angebot nicht Nein sagen. Fatima, wir haben eine Wohnung für euch!

Das Haus ist im 15. Bezirk. Bei unserer ersten gemeinsamen Exkursion dorthin blicken wir etwas angespannt aus den Fenstern der 58er-Straßenbahn: Kebabstände, Ein-Euro-Shops, viele Frauen, die ähnlich gekleidet sind wie Fatima, aber ich bin mir nicht sicher, ob sie sich in ihnen wiedererkennt. Wie windige Immobilienmakler fühlen wir uns, als wir mit dem riesigen Schlüsselbund die bröseligen Stiegen hinaufgehen. Drei unsanierte Häuser, zwei Innenhöfe – ein „Objekt mit Potenzial", sagt man zu so etwas, „Bastlerhit". Die Briefkästen sind aufgebrochen, der Putz fällt in großen Brocken von der Wand, Glühbirnen fehlen, aus den Gangtoiletten stinkt es.

Oh ja, wir finden Wohnungen; abgewohnt, aber benützbar. Für Menschen, die eben noch in einem Lager schliefen, ist es ein Traum. Für Menschen, die einmal eine dreistöckige Villa mit 15 Zimmern, mit Garten und Hollywoodschaukel hatten, ist es ein Schock. Beides gleichzeitig steht in Fatimas Gesicht, als sie blass an der Tapetenwand mit dem ausgebleichten Siebzigerjahre-Muster lehnt.

Es ist ihr Touchdown-Moment: In dieser Wohnung wird ihr neues Leben beginnen. Es wird eine schmuddelige Küche haben, aber eine hoffentlich funktionierende Heizung. „Sibila.", sagt sie, und wie immer, wenn es wichtig ist, hört man den Punkt nach der Anrede. „Yes, we will live here. But do not leave us alone."

Es erzeugt einen Euphoriekick, wenn man konkrete logistische Aufgaben zu lösen bekommt. So wie „Train of Hope" Hunderttausende am Hauptbahnhof versorgte; so wie ÖBB-Chef Christian Kern Hunderttausende nach Deutschland schleuste – so schleppen jetzt wir Möbel, Wäsche und Haushaltsgeräte durch Wien. Es gibt unendlich viel überflüssiges Zeug, das Menschen in dieser Stadt loswerden wollen. Endlich ist jemand da, der das alles brauchen kann.

Wir machen dabei Reisen durch verschiedenste Wiener Leben. Einmal stehe ich mit Fatima in der Pratercottage, in der Küche einer lichtdurchfluteten, bürgerlichen Wohnung, wir wickeln Häferln und Kristallgläser in Zeitungspapier. Es ist die Verlassenschaft einer vor kurzem verstorbenen Ärztin, die, weil sie Jüdin war, als Kind einst vor den Nazis flüchten musste und in England Aufnahme fand. Fatima wird ab nun in ihrem Bett schlafen, die Kinder werden auf ihren Teppichen spielen. Über Nazis und Juden haben wir noch nie gesprochen.

Anderntags eine Zimmer-Küche-Wohnung im 15. Bezirk. Vor einem halben Jahr ist die Mieterin gestorben, niemand hat je ihre Sachen abgeholt, die Lesebrille liegt noch auf der „Kronen Zeitung" auf dem Küchentisch. Fatima kann das Schuhkastl brauchen, eine Blumenvase aus der Wohnzimmervitrine, eine angebrochene Packung Zucker, eine Flasche Putzmittel. Ihr Blick schweift über das schäbige Linoleum, die ausgetretenen Schuhe. Wo ist denn hier das Badezimmer? Und kein Klo?

Ja, so wohnt man manchmal in Wien, sagen wir. Klo am Gang, das war ganz normal, das hatten wir als Studenten auch. Man kann zuschauen, wie das Bild von Europa in Fatimas Kopf schärfer wird.

Dann wird uns alles zu viel. Waschmaschine kaputt, Heizung kalt, leckende Rohre, klemmende Türschlösser, verstopfte Klos. Immer wieder Anrufe aus dem 15. Bezirk. Man hört Fatimas Panik durch: Gestrandet in einer Bruchbude, im eiskalten Winter, von allen guten Geistern verlassen, und den Kindern frieren die Füße ab? Leise Panik auch bei uns: Stromrechnungen, Handwerker, Behördentermine, Hexenschuss – was haben wir uns da bloß aufgehalst? Man hat ja schließlich auch noch ein eigenes Leben. Arbeit. Beziehungsstress. Die eigenen Kinder. Die sich übrigens schon beschweren. „Machen wir auch mal wieder was ohne Flüchtlinge?", maulen sie. Das sitzt.

Zumal in den Wohnungen wenig weitergeht. Werkzeug ist da, Material auch, aber die Überforderung ist offensichtlich: Ratlos wiegt Mohammed den Schraubenzieher in der Hand, unbeholfen steigt er auf Leitern. Noch immer sind die geschenkten Stockbetten nicht zusammengebaut, ist der Teppichboden nicht verlegt, in der Mitte der Wohnzimmerwand klafft ein kopfgroßes Loch, wie ein permanenter

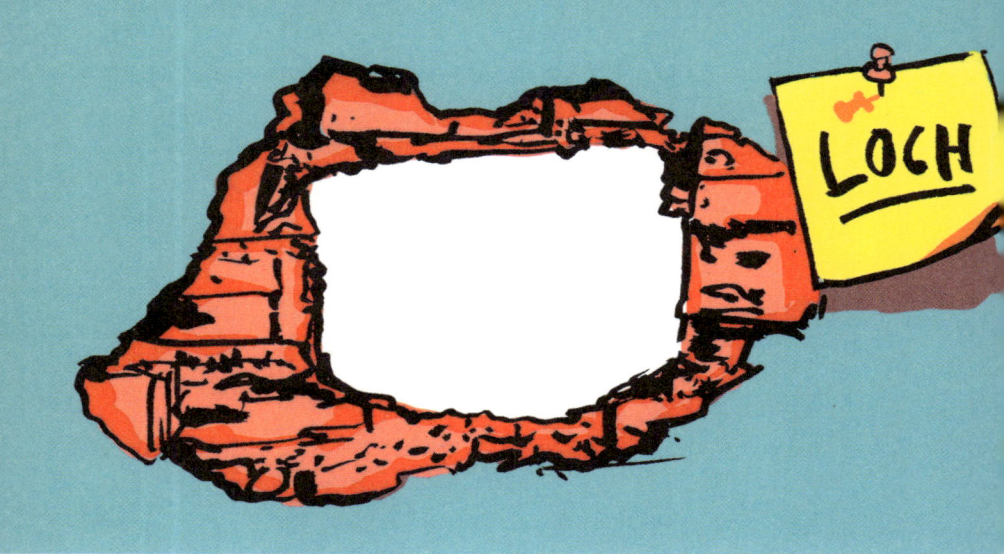

Vorwurf. Man müsste, denke ich genervt, doch bloß ein Bild drüberhängen.

Auch Fatima wirkt kopflos in diesen Tagen. Statt Ordnung zu schaffen, häuft sie immer mehr Dinge an. Die Wohnung ist überheizt, die Kinder hüpfen rastlos über die Haufen von Zeug, bis sie vor arabischen Zeichentrickfilmen geparkt werden. Nein, dafür waren die gespendeten Laptops nicht gedacht. Willst du denn nicht mal auf den Spielplatz gehen, Fatima? Es ist zu kalt, sagt sie.

Sie spürt, dass ich unzufrieden bin mit ihr. Sie ist unzufrieden mit sich selbst und unzufrieden mit mir. Sie will eine Satellitenschüssel. Ein Backrohr mit Grill. Und sie wünscht sich eine Folie, die sie auf die Fenster picken kann, damit sie in der Wohnung ihr Kopftuch abnehmen kann.

Da reicht es. Nein, ich werde mich ganz sicher nicht daran beteiligen, Folien auf Fenster zu picken, damit sie sich dahinter verstecken kann, sage ich entrüstet. Ich zeige auf die

Wintersonne, die durchs Fenster hereinscheint: Die Sonne ist für alle da, auch für uns Frauen, was soll das, sich vor der Welt zu verstecken? Schau mich an, verstecke ich mich? Und, bin ich etwa eine schlechte Frau? „Sibila.", sagt Fatima, als spreche sie mit einem begriffsstutzigen Kind, „ich will zu Hause. Nur mit Familie."

Mein Zorn ist auf dem Heimweg nicht verraucht. Aber ich komme ins Grübeln. Warum regt es mich derart auf, wem sich Fatima zeigen will und wem nicht? Was geht mich das Loch in ihrer Wohnzimmerwand an? Würde ich mich bei einer anderen Freundin auch so vehement einmischen? Fordern wir zu viel? Fordert Fatima zu viel? Drängen wir zu sehr? Ist es ein Machtspiel, das hier stattfindet?

Beim nächsten Besuch wollen wir darüber reden. Aber dazu kommt es nicht. Mohammeds Bruder Yusuf ist tot. In ar-Raqqa hat ihn der IS hingerichtet, öffentlich auf dem Marktplatz. Es gibt ein wackeliges Video davon, das im Internet kursiert. Yusuf, der Lieblingssohn seiner Eltern. Yusuf, ein fescher junger Mann mit leuchtend grünen Augen. Yusuf, der Talentierte, der Mutige. Yusuf schrieb einen Blog, er wollte, dass die Welt von den Verbrechen erfährt, die der IS in ar-Raqqa begeht. Wochenlang war Yusuf verschwunden, die Familie hatte mit dem Schlimmsten gerechnet, aber irgendwie doch auf ein Wunder gehofft.

Bleierne Stille hängt in Fatimas Wohnung. Auf den Sofas hängen blasse Erwachsene vor dem fahlen Licht ihrer Handy-Bildschirme, sie rauchen und tippen, rauchen und tippen, Verwandte und Freunde sind ja über den ganzen Kontinent verstreut. Sie haben rote Augen und schwarze Ringe darunter. Wenn ein Kind vorsichtig auf einen Schoß kriecht, klammern sich Erwachsenenhände daran fest wie an einem Rettungsring.

Es gibt nicht viel zu sagen. Über dem Sofa klafft noch immer das kopfgroße Loch in der Wand. Jetzt ist es ein Mahnmal. Es ist Krieg in Syrien, es ist Krieg im Leben dieser Menschen. Wie dumm bin ich, das manchmal zu vergessen.

Was die Familie in den nächsten Wochen am Leben hält, ist das Lernen. Zwei Mütter aus unserer Schule haben einen privaten Deutschkurs organisiert. Fatima verbeißt sich mit heiligem Ernst in die Arbeitsbücher. An Fensterbrettern und

Möbeln hängen Zettel mit Verben und Substantiven. „Bad" steht auf dem Bad, „Küche" auf der Küchentür.

Wir stehen in der Küche, als ein befreundeter Wirt anruft und fragt, was den Flüchtlingen noch fehle. Ich reiche Fatima wortlos das Telefon weiter. Sie holt tief Luft und sagt laut und deutlich: „Guten Tag. Ich brauche bitte ein groß Topf und ein klein Pfanne. Danke. Auf Wiedersehen." Der Deutschkurs geht gerade erst in die dritte Woche. Stolz reicht mir Fatima das Handy zurück. Sie will ab sofort nicht mehr englisch, sondern deutsch mit mir reden. Ich bin baff. Die meint das ernst. Die wird das schaffen.

Ich erwische mich beim Gedanken: Was, wenn sie es schneller schafft als ihr Mann? Fatima und Mohammed sind ein schönes Paar, ein gutes Team. Er der emotionalere, sie die strengere von beiden. Sie ist fromm; er tränke, würde sie nicht so tadelnd schauen, gern ab und zu ein Glas Bier. Er braucht Menschen, die ihn halten; wenn er allein ist, versinkt er oft in tiefe Traurigkeit. Sie hält ihn. Schon daheim war sie, mit drei kleinen Kindern, voll berufstätig. Was, wenn sie hier Arbeit findet und er nicht? Was wird das mit der Beziehung machen? Hält er das aus?

„Du wirst kochen lernen müssen, Mohammed", scherze ich. „Er kocht besser als ich", antwortet Fatima.

,, Dass wir in Wien gelandet sind, ist eigentlich Zufall. Wir wollten nach Schweden. Dann wurde uns auf der Flucht unser restliches Geld gestohlen und wir beschlossen, vorläufig erst einmal in Wien zu bleiben.

Ich erinnere mich an die ersten Tage. Wir waren in einem Massenquartier in der Stadthalle untergebracht, ein Feldbett stand neben dem anderen, mit unseren Jacken haben wir die Kinder zugedeckt. Es war eng und laut und stickig, wir konnten nicht schlafen, ich war am Ende meiner Kräfte. Es gab auch zu wenige Klos. Wir hatten Armbänder bekommen, mit denen wir nur die Klos im Nebenhaus benutzen durften. Aber Jenna, die Kleinste, war doch erst drei! Sie musste in der Nacht immer aufs Klo. Und es hat geregnet! Wir mussten dann immer schnell hinüberlaufen. Manchmal ging es auch in die Hose.

Eines Tages stand Sabine Beck vor uns, sie war eine freiwillige Helferin. Sie ging gemeinsam mit einem Rot-Kreuz-Mitarbeiter durch die Reihen und redete mit den Frauen. Sie könne eine Familie unterbringen, sagte sie auf Englisch. Ob ich allein sei, wie viele Kinder ich habe, ob mein Mann auch dabei sei. Ja, wir sind zu fünft, sagte ich. Mutter, Vater, drei Kinder. Sie sprach hektisch ins Telefon: „Nein, es sind nicht zwei, es sind drei Kinder! Pfeif drauf!", lachte sie dann und legte auf. „Kommt mit, ich hab eine Wohnung für euch." Ich habe noch gefragt: „Eine Wohnung mit Klo?"

Das Zimmer, in das wir dann gezogen sind, war in einer Ordination. Es gab ein eigenes Klo. Der nette Arzt hieß Hugo. Er hatte Sabine genau gesagt, was sie suchen sollte: eine Familie. Mit Englischkenntnissen. Zwei Kinder. Wir hatten ein Kind zu viel, aber pfeif drauf!

Eines Tages stand plötzlich eine große blonde Frau in Hugos Ordination. Sie hatte zwei Schultaschen in der Hand und sagte: So, wenn ihr in Wien bleiben wollt, müssen die Kinder jetzt in die Schule gehen. Ich dachte, Sibylle ist die Lehrerin, und ich nickte.

Wir gingen mit ihr zur Schuleinschreibung. Erst als Sibylle uns einlud, einen Ausflug zum Belvedere zu machen, fragte ich, ob sie denn nicht die Lehrerin sei. Wir lachten dann sehr.

Nach der Sightseeing-Tour waren wir am Abend zum Essen eingeladen. Es gab etwas typisch Österreichisches: Tafelspitz. Ich habe gelernt, das ist gekochtes Rindfleisch mit Spinat und gebratenen Kartoffeln und dazu ein geriebenes weißes Gemüse, das sehr scharf ist. Das Gemüse heißt Kren. Mich interessiert das alles sehr, denn ich liebe Kochen.

Zu Weihnachten haben wir gemeinsam Truthahn zubereitet. Das ist für mich Integration: das Fleisch vom Türken, das Rezept von einer Syrerin, eine Österreicherin hat gewusst, wo am besten alles zu bekommen ist, und gekocht haben wir gemeinsam.

Die Facebook-Gruppe der Helferinnen und Helfer war in den ersten Monaten sehr wichtig, viele davon sind Freundinnen geworden. Wir haben eine Wohnung gefunden und es gab einen gemeinsamen Deutschkurs. Wir haben gemeinsam gekocht und gefeiert. Es gibt hier viele starke Frauen wie Sibylle. Sibylle sagt immer: Kein Problem, Fatima, wir schaffen das. Sie denkt schnell und sie findet immer eine Lösung. **"**

Kochen hilft über Sorgen manchmal hinweg. Fatimas gefüllte Weinblätter sind raffinierter gewürzt als in jedem Restaurant. Schon mehrmals hat sie mit großem Erfolg Partys bekocht. Wir diskutieren das ernsthaft als Joboption. In der österreichischen Gastronomie wird dringend Personal gesucht, sage ich. Wir denken uns schon Namen für ihr Cateringservice aus, als ich plötzlich vor meinen eigenen Worten erschrecke. Seit Jahrzehnten gibt es in Österreich Förderprogramme, um mehr Frauen in Technikberufe zu bringen. Und dann kommt eine Technikerin aus Syrien nach Österreich, und eine Feministin hier rät ihr, es vielleicht doch besser mit Kochen zu versuchen. Geht es noch absurder?

Essen kostet außerdem Geld. Immer noch lebt die Familie von den Spenden unserer Freundinnen und Freunde, und es fällt Fatima nicht leicht, es zu sagen, wenn das Geld schon wieder aufgebraucht ist.

Doch es gibt in Wien Sozialmärkte, wo man billig einkaufen kann. Fatima, ihre Schwester Houdaa und ich machen einen Ausflug dorthin und schieben uns zwischen den Regalen durch die engen Gänge. Zu kaufen gibt es eine triste, willkürliche Ansammlung von Zeug, das anderswo übriggeblieben ist: Gewürzmischungen, Asia-Nudeln, Schokoladenikolos. Überraschend freundlich gehen die Menschen hier miteinander um. Die Pensionistin mit dem sorgfältig ondulierten Haar, die quälend langsam ihre Groschen abzählt, ohne dass jemand in der Schlange ungeduldig wird. Der Trinker, der sich um Haltung bemüht, während er seine Bohnenkonserve hinausträgt. Die dicke serbische Roma-Mama im Glitzerpulli, die per Handy den Einkauf für die Großfamilie koordiniert. Und die Frau an der Kassa, die Fatima einkaufen lässt, obwohl sie offiziell nicht dazu berechtigt ist (ohne Asylbescheid keine Mindestsicherung, ohne Mindestsicherung keine Einkommensbestätigung, ohne Einkommensbestätigung kein Berechtigungsausweis). Kein Gekeife, keine spitzen Ellbogen, weniger zumindest als beim Meinl am Graben. Ich finde es interessant. Fatima nicht. Sie passt überhaupt nicht hierher.

Wir halten im Bus unsere Beute fest, Kristallzucker, Kärntner Kasnudeln, abgelaufene Fruchtjoghurts. Ich erzähle über die Not der Zwischenkriegszeit, über arme Leute in Wien, ein bisschen Heimatkunde. „Aber Sibila, wir waren nicht arm", bricht es aus Fatima heraus, und plötzlich nehmen die Tränen keine Ende mehr. Das dreistöckige Haus, der Garten, das Auto. Alles.

„Doch, wir sind jetzt arm", sagt ihre Schwester und nimmt sie in den Arm, „und es ist gut, dass es hier Geschäfte für arme Leute gibt." Ich stammle noch etwas über die Bosnien-Flüchtlinge, die es ebenfalls geschafft haben, dass es wieder bergauf gehen wird, leere Beschwichtigungen. Aber erst als ich ehrlich bin, schaut mich Fatima wieder an. „Ich bin auch nicht arm", sage ich, „ich war heute auch zum ersten Mal im Sozialmarkt."

Inzwischen ist die Silvesternacht von Köln passiert. Klar kriegt Fatima mit, wie die Stimmung kippt. Als sei eine Schleuse aufgegangen und die ganze aufgestaute Abneigung breche sich Bahn. Viele haben offenbar nur auf einen Anlass gewartet, um sagen zu können: Okay, jetzt reicht's mit den Flüchtlingen, fertig, aus.

Mir fällt auf, wie Fatima neuerdings den Kopf einzieht. Manchmal, sagt sie, überlege, sie es sich im letzten Moment an der Tür nochmal und gehe dann doch nicht auf die Straße hinaus. Auch die Männer machen sich in diesen Tagen kleiner. „Das hat doch nichts mit euch zu tun!", sagt man dann und weiß gleichzeitig, dass das nicht stimmt. Es hat alles miteinander zu tun. Wir merken das ganz genau: Nach Köln wird es immer weniger Wohnungsangebote geben, immer weniger Spenden, immer mehr böse Blicke auf Frauen, die Kopftuch tragen, und immer weniger Vertrauen.

Die Grenzen sind ja noch offen zu dieser Zeit. Unsere Volksschule hat mittlerweile dreißig Flüchtlingskinder, die Klassen sind übervoll, und selbst die engagiertesten Lehrerinnen sagen, mehr ginge jetzt nicht mehr. Erst im Nachhinein wird klar, dass die Zäsur von Köln eine doppelte war: Sie markierte auch einen Moment der Erschöpfung.

Nach vier Monaten weiß man, dass es mit ein paar Kleiderspenden nicht getan ist. Dass es eine lange Reise wird und jeder einzelne Flüchtling Zeit braucht, Ressourcen, Zuwendung. Je mehr Menschen jeden Tag kommen, desto drängender stellt sich die Frage: Wer wird sich denn um sie kümmern? Sie zur Schulanmeldung begleiten, mit ihnen Deutsch lernen, chatten, kochen? Und wo werden sie alle wohnen und arbeiten?

Auf Facebook werden die Appelle gegen die Errichtung von Grenzzäunen immer flammender. Die Grenzen müssen offen bleiben! Asyl für alle! Ich höre es, ich verstehe es theoretisch, ich verstehe auch die Emotion dahinter, aber es fühlt sich für mich nicht mehr richtig an.

Und ein paar Wochen später, auf der Parkbank, höre ich mich sagen: „Es wird jetzt alles leichter, Fatima, wenn nicht mehr so viele kommen." Da haben sie gerade die Balkanroute zugemacht. Tief drinnen bin ich erleichtert. Und ich glaube, Fatima ist es auch.

Im März bekommen Fatima und ihre Familie den positiven Asylbescheid. Endlich. Monatelang haben sie gezittert, gewartet, sich miteinander verglichen: Warum hatte Mustafa schon den zweiten Termin und ich noch gar keinen? Hab ich bei der Erstbefragung einen Fehler gemacht? Haben sie meinen Akt verloren? Mich vergessen? War ich dem Beamten unsympathisch?

Parallel dazu immer die Nachrichten von der Front. Die Schlacht um Kobane. Die Hungernden in Deir ez-Zor. Die Bombardierung von Aleppo. Der Krieg rauscht stets im Hintergrund, man liest ihn in Fatimas Facebook-Timeline mit, und mitten in einem Gespräch über Alltägliches kann ein Blick plötzlich leer werden, wegdriften, und der Krieg steht mitten im Zimmer.

Fatimas erster Winter in Wien war so mild, als habe er sie schonen wollen. Als er vorbei ist, ist sie schon in die Rolle der Vermittlerin gerutscht. Sie übersetzt für andere Eltern in der Schule, hilft Neuankömmlingen bei Amtswegen, sie liest im Supermarkt Verzweifelte auf und bringt sie zu uns. Sie hat einen präzisen Blick dafür, wie man mit einer kleinen Intervention viel bewirken kann.

Als es wärmer wird, will Fatima Rad fahren. Sie hat es noch nie versucht. Wir sind im Augarten, sie trägt Turnschuhe und Jeans. Auf der Wiese, auf den Spielplatzbänken, von überall schauen Leute her, aber sie lässt sich nicht beirren. Ich halte den Gepäckträger. Kaum lasse ich los, kracht sie ins Gebüsch, immer wieder. Es ist anstrengend. Fatima schwitzt. Ihre Hände sind schon zerkratzt. Dreijährige sausen auf ihren Laufrädern vorbei, lachen, winken. Auf einem Weg mit minimaler Neigung geht es dann besser: Das Rad rollen lassen, Füße auf die Pedale, weitertreten. Fünf Mal, zehn Mal, zwanzig Mal stapft sie tapfer den Weg hinauf.

Sie wird an den nächsten beiden Tagen weiterüben, allein. Ihre Schwester Houdaa verrät es mir. Fatima will es mir erst zeigen, wenn sie es kann. Die beißt sich durch, alles wird gut, denke ich mir.

Doch dann beginnt der Ramadan. Der Fastenmonat fällt heuer in die heißeste Zeit des Jahres, mit den längsten Tagen. Gegessen wird nachts. In Syrien könnte man dann tagsüber dösen und die Arbeit schleifen lassen, doch hier muss man trotzdem in die Schule und zum AMS-Termin. Das ist anstrengend.

Gleichzeitig ist in dieser Zeit so viel los wie nie: Sportcamps, Open-Air-Konzerte, Gartenfeste. Aber wer von Sonnenaufgang bis Sonnenuntergang nicht einmal einen Schluck Wasser trinkt, kann da nicht dabei sein. Alle unsere syrischen Freunde und Freundinnen sind plötzlich abgetaucht, Fatima inklusive, und wenn sie kurz auftauchen, sind sie abweisend und erschöpft. Nichts geht mehr. Das freitägliche Picknick, das der Elternverein organisiert hat, fällt den ganzen Juni aus. Die syrischen Eltern fehlen beim Schulfest, beim Sportfest, beim Buffet, bei der Verabschiedung der Lehrerinnen, bei jeder Party. Sogar unser Deutschkurs zerbröselt.

In diesen Wochen zerschellen viele Erwartungen. Wir hatten Ausflüge machen wollen. Die ersten Zeugnisse der Kinder feiern, die ersten geschafften Deutschprüfungen der Erwachsenen. Wir hatten den Ramadan nicht mitgedacht. Und als er dann endlich vorbei ist und sie mit uns das Zuckerfest feiern wollen, ist es schon Juli, Zeit der Sommerferien, des Urlaubs. Blödes Timing.

Zumal parallel dazu auch die Debatte ums Baden eskaliert. Die syrischen Kinder gehen gern baden. Die syrischen Männer auch. Wir ebenfalls. Aber ich will nicht mit syrischen Männern und Kindern baden gehen, solange die syrischen Frauen zu Hause bleiben. Sie beteuern allesamt, sie wollen schwimmen lernen, aber immer kommt ihnen irgendwas dazwischen; mal ein Schnupfen, mal die Regel, mal ein Arzttermin, mal müssen sie dringend Vokabel lernen.

Fatima fürchtet sich von klein auf vor Wasser. Ihr Vater habe versucht, ihr Schwimmen beizubringen, vergeblich. Den traumatischsten Moment ihrer Flucht, im Schlauchboot auf der Ägäis, hat sie mir ja schon bei unserer ersten Begegnung erzählt. Sie diskutierten damals, wer wen festhalten soll, falls sie kentern: Mohammed nimmt Fatima und die kleine Tochter; der Schwager die beiden größeren Kinder. Die Hilflosigkeit sei unerträglich gewesen, sagt Fatima. Wie Ballast habe sie sich gefühlt, unfähig, ihre eigenen Kinder zu retten. Die Schwimmweste um die Brust geschnürt, die Hand am Bootsrand verkrallt, schwor sie sich damals: Wenn wir das überleben, werde ich schwimmen lernen.

„Du wolltest schwimmen lernen, Fatima", sage ich irgendwann. „Ja, ich will", sagt sie. „Okay, dann gehen wir ins Schwimmbad." „Gut. Wo ist das Schwimmbad für Frauen?" „So etwas gibt es in Wien nicht." „Dann kann ich nicht schwimmen gehen."

Ende des ersten Anlaufs.

Ich habe ein Bild im Kopf: die Alte Donau, eine Wiese, ein Strand voller entspannter, aufmunternder Menschen. Es wird so lange geplanscht, bis Fatima ihre Angst vor dem Wasser verliert. Ich glaube, dass das in Österreich möglich ist. Ich will Fatima beweisen, dass es möglich ist. „Schau, bei uns ist das alles kein Problem. Frauen schwimmen, Männer schwimmen, Kinder schwimmen, das Wasser ist für alle da, alle miteinander, ganz easy, alles ganz normal."

„Sibila.", sagt sie, als sei ich begriffsstutzig, „ich bin Muslima!" Mohammed will vermitteln. Er sucht auf dem Handy Burkinis in verschiedenen Farben, zeigt sie uns, wischt durch die Fotogalerie. Ich plädiere eher für einen Badeanzug im Stil der Zwanzigerjahre, mit Bein, dazu eine Badehaube. „Es ist völlig egal, was du anziehst. Keiner interessiert sich dafür, niemand schaut hin", sage ich. Es sind zähe Verhandlungen um jeden Zentimeter Stoff. Fatima ist nicht überzeugt. Ende des zweiten Anlaufs. Ich habe noch nicht aufgegeben.

Doch dann passiert etwas. Zwei junge Frauen aus unserer Gruppe gehen mit einer Wiener Freundin ins Stadionbad. Mit Burkini und Gymnastikhose planschen sie im Wasser, sie machen das zum ersten Mal, es ist befreiend, es ist schön. Aber es dauert nicht lang, bis die Mädchen von einer Horde wütender Frauen eingekreist und beschimpft werden, bis sie verstört das Bad verlassen.

Die Szene macht auf Facebook die Runde. Ich fühle mich beschämt. Es ist alles nicht wahr, was ich predige, wird mir plötzlich klar. Es ist gelogen, dass Fatima anziehen kann, was sie will. Es ist gelogen, dass sie beim Schwimmenlernen selbstverständlich auf die Hilfe hiesiger Menschen zählen kann. Alles easy, alles ganz normal zwischen Männern und Frauen? Bei uns sind Menschen frei? Nein, in diesem Sommer, in dem das Bad zur Kulturkampfarena geworden ist, stimmt das längst nicht mehr.

Ich erinnere mich nach dem Vorfall im Stadionbad an die Niqab-Frau in der Kindergartenanmeldestelle und an das Bedürfnis, Fatima vor Österreichern schützen zu wollen. Langsam dämmert mir: Ich hadere längst auch mit meinem eigenen Land. Das nicht so ist, wie ich es gern hätte.

Es ist schon Herbst, der allerletzte warme Tag des Jahres, als uns doch noch der große Frauen-Schwimm-Ausflug gelingt.

Eine Bekannte hat in ihr Schrebergartenhaus am Badeteich geladen, mit dem Versprechen, dort seien wir „ganz unter uns". Eine Karawane aus 15 Frauen und Mädchen, Österreicherinnen und Syrerinnen, inklusive Teenagern und einer Hochschwangeren, stapft also aufgeregt die Alte Donau entlang, beladen mit Schwimmwürsten, aufblasbaren Tieren und Picknicktaschen.

Als wir ankommen, rutscht mir das Herz in die Hose. Der Schrebergarten liegt mitten in der Siedlung, rundherum kann Hinz und Kunz über die niedrige Hecke schauen. Um zum Badesteg zu gelangen, muss man an zehn Häuschen vorbei, und vom Wasser aus hat man einen Panoramablick auf Autos, Nachbarstege und das Ufer gegenüber. Ich bin mir sicher: Niemals werden sich die Frauen hier ausziehen.

Ich irre mich. Als ich mich umdrehe, sind sie bereits halbnackt. Unter großem Hallo hat sich jede aus dem Haufen Bikini- und Sportgewandteile etwas herausgefischt und wild kombiniert, es wird gekichert wie im Mädcheninternat, und auch die Haare wehen längst frei. Feuerrote Locken hier, dunkle dort, die Ehefrau des Friseurs trägt wasserstoffblond. Barfuß laufen wir, in Handtücher gewickelt, an den Gartenzäunen vorbei, die Kinder bleiben stehen, um eine Katze zu streicheln, eine Schrebergartentür öffnet sich, Gott sei Dank ist es eine Frau, die herauskommt.

Das Wasser ist tief. Doch man kann gar nicht so schnell schauen, und alle sind drin. Klammern sich an die Schwimmwürste, lassen sich treiben, üben eifrig Arm- und Beintempi, schlucken Wasser, schauen tapfer aus kajalverschmierten Augen. Die einen sind hochkonzentriert, andere übermütig.

Aber keiner kommt es in den Sinn, sich umzuschauen, ob Männer im Blickfeld sind.

Und da sind doch einige. Burschen springen vom gegenüberliegenden Steg ins Wasser, ein älterer Herr wirft seine Angel aus. Irgendwann fährt, in zwei Metern Entfernung, sogar die Müllabfuhr im Schritttempo vorbei, die beiden Müllmänner am Volant winken freundlich, während wir direkt vor ihren Augen die Badeschlapfen aus dem Weg räumen. Mir ist das ein Rätsel. Monatelang diskutieren wir darüber, dass Frauen nicht von Männern gesehen werden dürfen, und jetzt plötzlich ist all das kein Problem? „Da!", ruft die Vierjährige einmal, ich folge ihrem Zeigefinger und bin mir sicher, dass sie auf Arabisch „da, ein Mann!" gerufen hat. Doch die Frauen tun allesamt so, als hätten sie nichts gehört, und schauen demonstrativ in die andere Richtung.

Erst in diesem Moment begreife ich: Es ist alles eine Sache der Übereinkunft. Wir sind auf einem Frauenschwimmausflug. Als solcher ist er deklariert und definiert. Und solange man kollektiv daran festhält, dass es ein Frauenschwimmausflug ist, bleibt es auch einer.

Fatima freilich war bei diesem Abenteuer nicht dabei. Gott sei Dank, denke ich nachher – denn sie hätte mit all ihrer sturen Ernsthaftigkeit bei diesem Spielchen garantiert nicht mitgemacht.

Dann habe ich Geburtstag. Eine laue Spätsommernacht, unser Garten ist voll. Die Kinderbande spielt Einbrecherjagd. Die eine Hälfte der Erwachsenen trinkt viel Alkohol, die andere Apfelsaft. Die eine Hälfte hat einen EU-Pass und interessante Kreativberufe, die andere bezieht inzwischen Mindestsicherung. Houdaa, die Apothekerin. Hasan, der Friseur. Ghalia, die Mathematiklehrerin. Ahmed, der Klimatechniker, der Kinder zum Jauchzen bringt, wenn er sie mit einem Arm hochstemmt. Sharif, der in Damaskus einen Computerladen hatte. Fidaa, die Fernsehstar werden will. Lauter sehr verschiedene Menschen, die nur der Krieg und der Zufall in diesen Garten gebracht haben.

Die Dämmerung senkt sich, ich schaue in die Runde. Einige dieser Leute werden in den nächsten Monaten hart landen. Wenn sie die ersten Jobangebote vom AMS kriegen: Putzen, Küchenhilfe. Wenn sie aus ihren Übergangswohnungen rausmüssen. Manche Kinder kommen in der Schule gut mit, andere tun sich schwer. Es gibt viele Gründe für Sorge und viele für Ungeduld.

Aber dann schaue ich zu Fatima. Sie sitzt in der Mitte, in ein lebhaftes Gespräch vertieft, auf Deutsch. „Du musst Geduld mit uns haben, Sibila", hat sie mir einmal gesagt, „manchmal ist unser Kopf so voll."

Du hast recht, Fatima, denke ich jetzt, während ich ihr beim Gestikulieren zuschaue. In zehn Monaten hast du einen Teil deiner Familie verloren, dein Haus, deine Arbeit, dein Vermögen, dein Land. Einen anderen Teil deiner Familie hast du in diesen zehn Monaten gerettet, neue Freunde gefunden, so gut Deutsch gelernt, dass du diesen langen Text lesen kannst, und Rad fahren kannst du auch.

Ich bin mit dir noch nicht fertig, Habibi. Nächsten Sommer schwimmen wir. Wenn der Krieg vorbei ist, zeigst du mir Syrien. Du hast es versprochen. Ich lass dich nicht aus.

SEPTEMBER 2016 BIS MÄRZ 2017

Die Geschichte „Elf Monate mit Fatima" ist eben im „Falter" erschienen, und schon tut sich etwas. Die Leiterin des „Frauen in Technik"-Programms beim AMS ruft an. Fatima bekommt ein maßgeschneidertes Angebot. Sie soll an der FH Telekommunikation studieren, drei Jahre lang, mit Bachelorabschluss, wird begleitend gecoacht und kann nachher mit hoher Wahrscheinlichkeit damit rechnen, einen guten Job zu bekommen.

Wow, was für eine tolle Chance, Fatima!

Aber Fatima ist nicht begeistert. „Ich habe schon studiert!", sagt sie, kramt ihr Diplom aus einem Stoß Dokumente hervor, ein vierseitiger, eng beschriebener Prüfungsbogen, TU Aleppo, schnörkelige orientalische Unterschriften, Stempel. Wir wälzen Optionen. Erkundigen uns über Nostrifizierungen, Anrechnung von Teilprüfungen, lassen in einem von arabischen Nippes vollgeräumten verrauchten Hinterhof-Dolmetschbüro sogar Zeugnisse übersetzen – aber eigentlich ist die Sache klar: Mit einem syrischen Diplom aus der Zeit der analogen Telefonie wird man nicht weit kommen in der österreichischen Arbeitswelt.

Fatima hadert. Es ist ein bitterer Moment. Bis jetzt hatte sie noch immer irgendwie gehofft, sie müsse bloß gut Deutsch lernen und könne dann dort anknüpfen, wo sie in Syrien aufgehört hat. Irrtum. Neuanfang heißt: Nichts, was sie mitbringt, zählt. Alles nochmal von vorn. Nochmal mit 18-jährigen Burschen und Mädchen im Hörsaal sitzen, nochmal Mathematik pauken, Schaltungen löten, vor Prüfungen zittern. Mathematik hat Fatima immer schon gehasst. „Nie wieder lernen!", jubelte sie damals, als die letzte Prüfung geschafft war.

Ich erkläre, ermuntere, tröste, ich will nicht zulassen, dass die Chance, die sich – durch unsere Geschichte! – aufgetan hat, wieder wegrutscht.

Die richtigen Worte findet jedoch erst jemand anderer. Wir sitzen bei der vom AMS zugewiesenen Beraterin, der „Karriereplan" mit dem FH-Angebot liegt auf dem Tisch, Fatima findet viele Einwände – „die Kinder brauchen mich, mein Deutsch ist so schlecht, die FH ist so weit weg, drei Jahre sind so lang". Da klappt die Beraterin abrupt die Mappe zu, legt die Hand drauf und schaut Fatima fest in die Augen. „Hör mir mal gut zu", sagt sie. „Ich kam vor vielen Jahren aus dem Iran, mit zwei kleinen Kindern. Aber für mich gab es so ein Programm damals nicht. Morgens war ich auf der Uni, nachmittags hab ich bei McDonald's gearbeitet, um unser Leben zu finanzieren, und während ich dort den Boden gewischt hab, haben meine Kinder auf den McDonald's-Tischen ihre Hausaufgaben gemacht. Wenn man so eine Chance kriegt, dann nimmt man sie." Fatima schluckt.

Als wir uns nachher draußen auf eine Bank setzen, es sind die letzten warmen Tage, hat Fatima schon ihre Schultern gestrafft, bereit, die neue Rolle anzunehmen. „Du wirst für die 18-Jährigen interessant sein", sage ich, das gefällt ihr. Und was wird ihr Mann sagen? „Mohammed hat jetzt eine junge Frau", sagt Fatima. „Ich muss ihm erzählen, er ist jetzt mit einer Studentin verheiratet."

Fatima meint es mit ihrem Glauben ernst. Sie betet fünfmal täglich, egal, was andere über sie denken, manchmal verschwindet sie einfach für ein paar Minuten ins Nebenzimmer. „Fertig", sagt sie nachher knapp. Kein Problem.

Was dennoch immer wieder nervt, ist das Kopftuch, der Hidschab. Das, was er bedeutet; das, was er verhindert; die unerträgliche politische Debatte drum herum; und die vielen kleinen Alltagsprobleme, die er erzeugt. Ich sitze mit Fatima bei ihr zu Hause auf dem Sofa. Es ist ein schönes, ernstes Gespräch. Sie ist barfuß, die Locken fallen ihr über die Schultern, sie schaut so jung aus, so lebendig in diesem Moment. Wir hören die Eingangstür, mein Mann hat geläutet, und sofort springt Fatima vom Sofa auf und huscht ins Schlafzimmer, um ihren Hidschab zu montieren. „Nur eine Sekunde", sagt sie, „kein Problem, schon fertig, willst du Kaffee?" Aber „egal, ich geh schon", sagt mein Mann, schlägt die Tür hinter sich zu und ist weg.

Alle sind gekränkt in diesem Moment. Mein Mann ist gekränkt, weil der Hidschab ihn ausschließt und ihm unterstellt, er sei ein triebgesteuertes Wesen, das über jede unverschleierte Frau sofort herfällt. Fatima ist gekränkt, weil ihr der Hidschab wichtig ist und sie sich wünscht, wir würden respektieren, was ihr wichtig ist. Ich bin ebenfalls gekränkt, weil beide recht haben und beide gleichzeitig unrecht in ihrer Rigidität. Der Moment jedenfalls ist zerstört.

Ihre Religion hält Fatima nicht davon ab, berufstätig zu sein und eine gleichberechtigte Ehe zu führen. Bei anderen Familien ist das anders. Die A.s zum Beispiel – an denen beiße ich mir nach einem Jahr Bekanntschaft, feministisch gesprochen, die Zähne aus.

Die A.s sind eine große Familie. Zwei Brüder (sie führten gemeinsam in Damaskus ein Juweliergeschäft), ihre zwei Ehefrauen und insgesamt zehn Kinder. Die Altersverteilung ist tückisch: ein zwanzigjähriger Bursch, der als Erster nach Österreich kam und die Nachholung der gesamten Familie organisierte; sechs Mädchen im Teenageralter sowie drei kleine Buben. Es sind liebe Leute, rechtschaffen, höflich, zuvorkommend. Bemüht, alles richtig zu machen. Aber konservativ und scheu.

Im Facebook-Chat bekomme ich Fotos von ihnen: die stolzen Väter mit den Buben auf dem Spielplatz, die Buben im Park, die Buben in lustiger Superman-Verkleidung. „Warum sind die Mädchen nicht mit?", chatte ich dann schnippisch zurück. Die Mädchen gehen, selbstverständlich verhüllt, in Mittelschulen im 20. Bezirk, nachmittags sind sie zu Hause. Wenn Besuch kommt, huschen sie ins Schlafzimmer und kommen nicht mehr heraus, bis der Besuch wieder geht. Sie sollen sich dazusetzen, sage ich. „Sie wollen nicht", sagen die Väter dann. Es sind liebe Mädchen, mit offenen Gesichtern, aber ich sehe keinen Plan für ihren Weg. Die Schulpflicht ist demnächst vorbei, das Fenster der Möglichkeiten schließt sich. „Welchen Beruf wollt ihr denn lernen?", frage ich in die kichernde Runde. Sie habe sich eben verlobt, sagt Amina, die älteste. „Krankenschwester", sagt Enisa. „Ärztin", sagt Samira.

Samira fährt nie allein U-Bahn. Sie geht keine Freundinnen besuchen, spricht mit kaum jemandem außerhalb der Familie, sie hat noch nie einem Mann die Hand gegeben.

„Wenn du Ärztin werden willst, musst du rausgehen", sage ich. „Eine Ärztin muss sich in der Stadt auskennen, sie muss fremde Männer berühren, daran musst du dich gewöhnen, und dein Vater muss dir dabei helfen." Die Mädchen kichern noch heftiger. „Aber wir sind Muslime", sagt der Vater entgeistert, so als hätte ich bisher eine entscheidende Information verpasst. „Ja, und?", frage ich ebenso entgeistert zurück.

Beim Rausgehen nimmt mich der große Bruder beiseite. Er versteht, worum es mir geht. Er weiß, wie Österreich ist, hat Freunde und Freundinnen sonder Zahl, hat einen Job, verdient Geld, kümmert sich um alle Angelegenheiten der Familie. „Sie brauchen noch Zeit", sagt er, es liegt etwas Flehendes in seinem Blick.

Ratlos verlasse ich die Wohnung. Gehe im Stockwerk darunter an einem Puff vorbei; dann an einem Sexshop im Nachbarhaus mit Bondage-Equipment im Schaufenster; über den Praterstern, an den Alkoholikern vorbei, die die Bänke besetzen, und an den herumlungernden Jugendlichen, die den Mädchen hinterherrufen. Ich bemühe mich, das „Draußen", in das ich die Mädchen schicken will, mit ihren Augen anzuschauen. Was sie wohl meinen, was das ist – Gleichberechtigung, Freiheit, sexuelle Selbstbestimmung? Und was sie wohl denken, das ich von ihnen verlange, wenn ich „rausgehen" und „fremde Männer berühren" sage?

Selbstverständlich haben alle Frauen und Mädchen, so zurückgezogen sie auch leben, Facebook-Profile. Aus diesen versuche ich herauszulesen, was sie beschäftigt, was sie denken. Was nicht so einfach ist. Grundsätzlich läuft die Kommunikation unserer syrischen Freundinnen und Freunde ritualisierter ab als die unserer österreichischen: mehr Glückwünsche, mehr Herzchen, mehr Girlanden, mehr fromme Sinnsprüche. Doch während die Männer gern Fotos posten, auf denen sie sich in Pose werfen (Schaut her: Ich an der Alten Donau! Ich vor dem Riesenrad! Ich mit meiner schicken Sonnenbrille!), sind die Frauen wesentlich zurückhaltender. Die meisten haben nicht einmal Profilbilder, die ihr Gesicht zeigen. Stattdessen ist Snoopy drauf, eine Blume, ein Foto vom eigenen Kind. Posten die Frauen Fotos, zeigen die alles Mögliche – Torten, Tischdekorationen, Popstars, den Ehemann; bloß nicht sie selbst.

Rätsel geben mir speziell die Mädchen der Familie A. auf. Sie posten gern Modelfotos – die Frauen sind spärlich bekleidet und perfekt geschminkt, zeigen entblößte Schultern, nackte Beine und tragen langes, offenes Haar zur Schau. Besonders seltsam mutet ein Fotoalbum an, mit dem die älteste Schwester Amina – inzwischen ist sie verheiratet und hat ein Baby – ihren ersten Hochzeitstag auf Facebook feiert: Der fesche junge Ehemann ist da – allein! – auf dem Sofa zu sehen, von rosa Herzchen umrahmt, daneben Fotos, die eine schmachtende, verliebte Frau im tief dekolletierten Brautkleid zeigen – nicht Amina allerdings, sondern ein unbekanntes Fotomodell. Dazu noch Symbolfotos von verliebten, küssenden Paaren im Sonnenuntergang.

Erst mit diesem Album gelingt es mir, den Code zu entschlüsseln: Die Models dienen quasi als Platzhalter für die eigene Person. Sie zeigen die Frau, die man innerlich gern wäre, aber äußerlich als anständiges Mädchen nicht sein darf. Aber was ist das für ein bizarrer Moralkodex, der verbietet, dass sich ein Mann mit seiner eigenen Ehefrau abbilden lässt – und stattdessen eine halbnackte Fremde zeigt?

Oder die Geschichte von der „seltsamen Hochzeit", wie ich sie rückblickend nenne. Hiba, eine wunderschöne, selbstbewusste, gebildete, geschiedene Dreißigjährige, ist überzeugt, dass sie dringend heiraten muss und Kinder braucht. Ein Ehemann – dick, klein, deutlich älter – findet sich über einen Heiratsvermittler schnell. Wir sind zur Hochzeitsfeier geladen, allerdings ausschließlich die Frauen. Denn die Feier findet in einem ebenerdigen Mehrzweckraum im 20. Bezirk statt, für etwas Größeres reicht das Geld nicht, und für eine zweigeschlechtliche Party würde man zwei Räume brauchen – zumindest der muslimischen Logik gemäß.

Vor mir huscht ein von oben bis unten in einen beigen Überwurf gehülltes gebücktes altes Hutzelweib durch die Tür ins Gebäude. Kaum schält sie sich aus dem Überwurf, entpuppt sie sich als freundliche, normale Frau meines Alters, ärmelloses T-Shirt, knielange Jeans. Ich erschrecke: Die brave Nesrin steht vor mir, fast hätte ich sie nicht erkannt, in einem hautengen silbernen Pailettenkleid, der Busen quillt ihr aus dem Ausschnitt, umwogt von wallenden Haarspray-Locken. Sie stakst auf Zehn-Zentimeter-Pumps im Barbiepuppen-Stil. Drinnen sitzen noch mehr Frauen wie sie: Es ist eine Orgie aus Glitzer, Stöckeln, Push-ups und nackten Schenkeln. Es wird gelacht, geplaudert, wild getanzt, fotografiert. Eigentlich ist es ganz lustig, bloß umwölkt vom

Rätsel: Wenn Frauen ganz unter sich sind – warum richten sie sich dann her, als entsprängen sie der klischeehaftesten aller Männerfantasien? Und wer darf nachher eigentlich die Handyfotos anschauen?

Nach zwei Stunden geht plötzlich ein Ruck durch den Raum. Es ist beinahe wie im Märchen „Aschenputtel": Alle außer der Braut kramen ihre Mäntel hervor, hüllen sich, wie auf Kommando, in ihre Tücher, verwandeln sich wieder in Hutzelweiber, ducken sich und verstummen. Der Bräutigam betritt verlegen den Raum, pflichtschuldig werden noch diverse Rituale abgespult, aber die Party ist vorbei.

Der Bräutigam tut mir leid. Nicht nur dass er seine Hochzeit, distanziert beäugt von dreißig Frauen, ohne jeden Freundesbeistand durchstehen muss. Nicht nur dass er keine Sekunde Spaß dabei hat. Er weiß auch, dass seine Anwesenheit den Spaß für alle anderen beendet hat.

Ich erzähle Fatima von solchen Seltsamkeiten. Ich weiß nicht genau, warum. Vielleicht will ich, dass sie mir den Sinn erklärt. Vielleicht will ich ihr beweisen, was für absurde Blüten der Islam treibt und wie bescheuert eine strikte Geschlechtertrennung ist. Fatima reagiert dann höflich, aber distanziert. Erklärt sich für nicht zuständig, was das Verhalten anderer Leute betrifft. „Die Familie A. ist anders als ich", sagt sie. Oder: „Meine Hochzeit war nicht so." Und ich erinnere mich, was eigentlich der Plan war: sie nicht alle in einen Topf zu werfen; nicht eine Person für das Verhalten anderer verantwortlich zu machen, nur weil sie zufällig aus demselben Land kommen. Wir wollten diese Menschen doch als Individuen begreifen.

Doch Fatima entkommt den kollektiven Zuschreibungen nicht, das spürt sie selber. Wir kommen eben von ihrem ersten Gespräch auf der FH, gehen durch Favoriten, da sagt sie: „Jeder, der mich sieht, denkt sofort: Mindestsicherung! Es ist wie ein Schild auf meiner Stirn!"

Sie hat recht. Längst hat Fatima kapiert, dass der Hidschab hier nicht nur ein weltanschauliches, sondern auch ein soziales Zeichen ist; eines, das sagt: Ich werde es nicht weit bringen in diesem Land. Ich bin arm, ich bin unterdrückt, ich bin ein Sozialfall und werde es auch bleiben. Eventuell, denke ich, könnte das genau die Stelle sein, an der diese stolze Frau zu packen wäre: dass sie sich unterscheiden will von den früh gealterten Türkinnen mit den schwieligen Händen, die über den Viktor-Adler-Markt schlurfen.

„Zieh dir einfach was anderes an, dann gehörst du dazu und alle Möglichkeiten in diesem Land stehen dir offen", will ich dann sagen. Aber ich sage es nicht. Es wäre ja auch gelogen.

Und dann ist Fatima auch noch Tante geworden. Ihre Schwester Houdaa, die strebsame Apothekerin, hat ein Mädchen bekommen. Eine ganze Woche war die Geburt schon überfällig, aber alles ging gut.

Es ist das fünfte Baby, das in diesem Jahr in unserem syrischen Bekanntenkreis zur Welt kam. Kinder von Flüchtlingen, gezeugt knapp nach der Ankunft in Österreich, unter prekären Umständen; Babys wie Alexander Van der Bellen einst eines war, der in diesen Tagen zum Bundespräsidenten gewählt wird. Klar freut man sich darüber. Aber nicht nur. Die Schwangerschaften und Geburten machen nichts einfacher – für die Familien nicht und für uns ebenso wenig. Die Ausbildungen, die einige Frauen bereits begonnen hatten, geraten außer Tritt; sobald der Mutterschutz beginnt, müssen sie ihre Deutschkurse abbrechen, für die Ehemänner erhöht sich der Stress der Jobsuche und das Wohnungsproblem verschärft sich. War das wirklich notwendig?, möchte man da seufzen. Wie kommt man denn bloß auf die Idee, ein ohnehin kompliziertes Leben noch zusätzlich zu verkomplizieren?

Houdaas Hebamme kann es mir erklären. Sie hat schon mit vielen geflüchteten Frauen gearbeitet und bei ganz vielen einen dringenden Kinderwunsch bemerkt. Anfangs muss es etwas mit dem Ausnahmezustand zu tun gehabt haben – dem Adrenalinrausch des Überlebens, der Erleichterung, in Sicherheit zu sein, wahrscheinlich auch mit dem dringenden Bedürfnis, etwas Neues in die Welt zu setzen, wenn man gerade so viel Zerstörung entkommen ist. Ein Kind als Rettung vor der Angst, vor dem Tod.

Aber je länger die Frauen in Österreich sind, desto deutlicher tritt noch ein zweites Motiv hervor. Sie fühlen sich unter Druck. „Sie müssen Deutsch lernen, mehr Initiative zeigen, Jobs annehmen", sagt ihnen das AMS. „Es muss etwas weitergehen bei Ihnen, sonst kürzen wir Ihnen die Mindestsicherung", sagt das Sozialamt. „Was ist dein Plan? Du musst doch einen Plan haben!", sage ich. Viele Frauen sind damit überfordert. Die Frage nach Ausbildung und Lohnarbeit stellt sich für manche zum ersten Mal in ihrem Leben. Kann ich das, will ich das, wird mein Mann dann böse sein? Umgekehrt: Schaffe ich das überhaupt, und ist der österreichische Staat böse, wenn nicht?

Ein Kind zu kriegen ist da eine Lösung, die alle zufriedenstellt. Es ist das allseits akzeptierte Leo, wenn eine Frau eine Entscheidung aufschieben will. Als Mutter kriegt sie eine Pause und wird ein paar Jahre lang in Ruhe gelassen – diese Rolle wird sowohl in der österreichischen Gesellschaft als auch in der eigenen Familie respektiert. Ein Muster, das auch bei uns nicht unbekannt ist.

Lang denken die Mütter jedenfalls über die Namen der Neugeborenen nach und suchen unseren Rat. Wie werden arabische Namen hier verstanden, welche haben einen guten Klang? Maya ist gut. Amina ist gut. Sham ist nicht so gut (obwohl es das arabische Wort für „Licht" und „Freude" ist). Die Kindernamen sollen ein Kunststück vollbringen, das die Erwachsenen erst mühsam üben müssen: die Erinnerung an Syrien bewahren, ohne in Österreich unangenehm aufzufallen.

Und so viele Fragen auch noch offen sind im Leben ihrer Mütter – in den Dokumenten der Kinder wird für immer „Wien" als Geburtsort stehen. Sie werden hier in den Kindergarten und in die Schule gehen, schwimmen und lesen lernen, sie werden hier Freunde finden und wahrscheinlich irgendwann ihre Eltern daran hindern, nach Syrien zurückzukehren. Es werden Wiener Kinder sein.

„ Durch die Hilfe, die ich bekommen habe, fühle ich mich so positiv, dass ich das Gefühl habe, mir kann nichts passieren. Natürlich weiß ich, dass es auch Menschen gibt, die keine Ausländer mögen, aber ich habe diesbezüglich noch nie Negatives erlebt, noch nie! Im Sommer bin ich in einer Abaya, das ist ein traditionelles langes Kleid, zum Billa gegangen und habe gedacht, jetzt wird mich jeder anstarren. Aber keiner hat mich angestarrt, es war ganz normal.

Ich trage das Kopftuch und dazu Hose und Pulli, genau so, wie ich es in Syrien getan habe, ich verstelle mich nicht, ich bin ich selbst geblieben. Ich habe gehört, dass darüber diskutiert wird, für manche Berufe ein Kopftuchverbot einzuführen. Ich selbst würde mein Kopftuch niemals ablegen! Es gehört zu mir, es ist meine Religion, meine Kultur, mein Denken, ich liebe mein Kopftuch. Wenn ich einen Job nicht bekomme, weil ich den Hidschab trage, dann eben nicht. Ich will nach meiner Qualifikation und meiner Arbeit beurteilt werden und nicht danach, ob ich ein Kopftuch trage. Ich bete fünfmal am Tag, auch das gehört zu meinem Glauben. Wenn ich im Deutschkurs bin, frage ich, ob es jemanden stört, wenn ich mich kurz zurückziehe, um zu beten. Wenn es ein Problem wäre, würde ich später beten. Dort hat es aber noch nie jemanden gestört.

Meinen Töchtern steht es frei, ob sie beten und später das Kopftuch tragen wollen, es ist ihre ganz persönliche Entscheidung. Ich möchte, dass sie sich das gut überlegen und frei entscheiden, denn ich weiß, dass es nicht überall einfach damit ist.

Vor wenigen Tagen hat meine Schwester ihr erstes Kind in einem Wiener Spital zur Welt gebracht, es ist ein Mädchen, es war eine schwierige Geburt und jetzt erholt sie sich ein paar Tage bei uns. Seither herrscht ein ständiges Kommen und Gehen. Wir haben so viele Freunde, so viele, viele österreichische Freunde, alle kommen, um zu gratulieren, und wollen das erste Wiener Kind sehen. Auch im Spital war es sehr lustig. Die andere Frau, mit der Houdaa im Zimmer lag, hat immer staunend gefragt: „Wieso kennt ihr so viele Leute? Ihr seid doch erst eineinhalb Jahre in Wien!"

In der arabischen Tradition sind Buben noch immer eher erwünscht. Warum, weiß ich nicht genau. Aber ich habe gehört, bei euch ist das teilweise auch noch so. In unserem Glauben jedenfalls ist die Bevorzugung von Buben nicht verankert. Prophet Mohammed sagte sogar: Wer ein Mädchen bekommt und es gut behandelt und die Buben nicht bevorzugt, der geht geradewegs ins Paradies. Na ja, das wird schon seine Gründe haben.

Hier in Österreich, heißt es, sind Frauen und Männer gleich – aber warum verdienen Frauen dann weniger als Männer? Bei uns verdienen Frauen und Männer gleich viel. Zumindest war das vor dem Krieg so. "

APRIL 2017 BIS DEZEMBER 2017

„Bitte geh mit", sagt Ihab. Der Satz ärgert mich. Ich habe ihn so oft gehört in den zwei Jahren, seit die Syrer da sind, irgendwann ist es genug. Nein, ich will nicht mehr mitgehen aufs Amt. Ihab ist Akademiker. Beim Deutschlernen war er einer der Schnellsten, er hat längst die B2-Prüfung. „Du kannst das allein, Ihab", sage ich genervt, „du verstehst alles, ich muss nicht mehr mitgehen." Ihab schaut mich an, als wäre ich begriffsstutzig. Dann sagt er einen Satz, der picken bleiben wird: „Aber sie sind anders, wenn du dabei bist."

Österreich ist zu Ihab anders als zu mir. Zu Fremden anders als zu Einheimischen. Das hört man nicht gern. Aber nach diesen zwei Jahren muss ich zugeben: Ihab hat recht. Nach zwei Jahren habe ich völlig neue Seiten an meinem Land kennengelernt.

Da ist zum Beispiel die Baby-Geschichte von Houdaa und ihrem Mann Omar. Ihre ersten Tage sind wie die ersten Tage aller Jungeltern: Sie sind aufgewühlt, verletzlich, euphorisch. Houdaa liegt mit ihrer Tochter noch im Spital, Omar schreitet zur ersten väterlichen Amtshandlung: aufs Meldeamt. Es ist ein bürgerlicher Wohnbezirk. Omar ist ein selbstbewusster, gewissenhafter Mann. „Guten Tag, ich möchte meine Tochter anmelden, sie heißt Maya", sagt er. Ich kann mir gut vorstellen, wie stolz seine Stimme klang.

Eine halbe Stunde später ruft er mich an, atemlos, aufgelöst. Sie haben ihn weggeschickt, mit einem kopierten Zettel und einer langen Liste an Dokumenten, die er beibringen muss, unter anderem: das Protokoll des polizeilichen Erstinterviews, als er im Sommer 2015 in einem Kärntner Grenzdorf seinen Asylantrag stellte, plus „sämtliche Dokumente aus dem Heimatland, die im Erstinterview angeführt sind, im Original samt Übersetzung eines gerichtlich beeideten Dolmetschers/einer gerichtlich beeideten Dolmetscherin". Seltsam – so kompliziert hatte ich die Anmeldung meiner Kinder nicht in Erinnerung.

Omar ist nicht nur ratlos („muss ich jetzt nach Kärnten fahren?"), er ist auch tief gekränkt. Er hat sich reingehängt in diesen zwei Jahren. Er hat eine Wohnung (mit selbst gezimmerter Küche), einen Job (Schichtarbeit in einer Lebensmittelfabrik), Haushaltsversichtung, E-Card, eine Wiener Tochter. Er dachte, er sei angekommen. Nun hat ihn das Amt wieder zum dahergelaufenen Fremden mit zweifelhafter Identität gemacht.

Damit diese Geschichte eine typische Wiener Wendung nimmt, muss man sich ans Telefon klemmen, einen österreichischen Namen nennen, sich die Hierarchie hinauf weiterverbinden lassen. Bis sich schließlich der Amtsleiter persönlich meldet: Man bitte um Verzeihung, da habe wohl „jemand Fleißaufgaben gemacht", man werde „jemandem den Kopf waschen", es sei alles nicht so gemeint gewesen, Omar möge doch bitte noch einmal vorbeikommen, das Kärntner Ersteinvernahmeprotokoll brauche er natürlich nicht.

Am nächsten Tag warten sie schon auf ihn im Amtshaus. Der Meldezettel liegt zur Unterschrift bereit, sogar den Kuli reichen sie ihm. „Sie waren alle sehr freundlich zu mir", grinst Omar.

„Wasta" heißt das in Syrien: Beziehungen haben. Wissen, wo man intervenieren kann. Im diktatorischen Obrigkeitsstaat Syrien war das eine Quelle für steten Frust und erodierte das Ansehen des Regimes. „Ich dachte, das ist in Österreich anders", sagt Omar. Nein, ganz anders ist es nicht. Ich bin nicht stolz darauf.

Auch den Wiener Wohnungsmarkt lernen wir aus neuen Perspektiven kennen. Unsere syrischen Freundinnen und Freunde bekommen inzwischen ja Mindestsicherung, könnten sich normale Mieten leisten, wir schicken ihnen Links zu günstigen Wohnungen. Ruft schnell an!, sagen wir. Dass das völlig sinnlos ist, kapieren wir erst nach vielen Monaten Leerlauf. Selbst wenn man in ihrem Namen verhandelt, wenn man Kaution und Bürgschaften versprechen kann, haben sie keine Chance. „Keine Flüchtlinge", sagen die Makler. Manche schieben den fehlenden Gehaltszettel als Begründung vor, andere sagen es geradeheraus: „Die Vermieter wollen das nicht."

So hat sich denn in Wien ein zweiter Wohnungsmarkt entwickelt. Mit Vermietern, deren Telefonnummern unter der Hand weitergereicht werden, weil sie auch Flüchtlinge nehmen; zu oft haarsträubenden Bedingungen. Es werden feuchte Kellerlöcher angeboten, Viererzimmer mit Stockbetten, um 300 Euro pro Schlafplatz. Die Ausbeuter, die wir kennenlernen, kommen aus allen Milieus. Ein Simmeringer Autohändler ist darunter, ein serbischer Geschäftsmann, ein Naschmarkt-Gastronom.

Aala und Saleh bewohnen eine Zimmer-Küche-Wohnung, 750 Euro für vierzig Quadratmeter, im Vertrag steht, dass sie drei Jahre lang nicht kündigen dürfen. Weil es sich hinten und vorn nicht ausgeht, unterstützen wir sie jeden Monat mit einem kleinen Betrag aus unserer Spendenkassa. Aber eigentlich ist das kein Zustand. Euer Vertrag ist illegal, sagen wir; ihr könnt Geld zurückfordern, wir helfen euch. Aala und Saleh lassen sich überreden, zur Schlichtungsstelle zu gehen. Woraufhin sie es mit der Angst zu tun bekommen. Fremde rufen an, warnen, drohen, klingeln. Schieben ein Formular unter der Tür durch, auf dem Aala und Saleh bestätigen sollen, dass sie sich mit dem Vermieter geeinigt haben und ihre Klage zurückziehen. Aala ist hochschwanger. In wenigen Tagen kommt das Baby. Saleh wird jeden Tag nervöser. „Ihr seid im Recht, euch kann nichts passieren, unterschreibt nicht!", bedrängen wir sie. „Unterschreiben, sonst kriegt ihr Probleme!", bedrängt sie der Vermieter.

Saleh unterschreibt schließlich, ohne uns zu informieren. Wir sind böse und stellen die Unterstützung ein, wir können mit dem Spendengeld unserer Freunde ja keinen Mietwucherer füttern. Aber die Sache nagt an uns. Waren wir zu hart? Hätten wir gleich zur Polizei gehen müssen? Haben wir Aala und Saleh in eine Sackgasse gedrängt? Kann man ihnen vorwerfen, dass sie Angst haben? Warum nehmen wir es persönlich, dass sie von unserem Rechtsstaat nicht hundertprozentig überzeugt sind? Und woher nahmen wir eigentlich die Gewissheit, dass ihnen nichts passieren kann?

Auch Sarah hat den österreichischen Rechtsstaat kennengelernt und ist seither ein großer Fan. Sarah ist 16, sie stammt aus einer großen Familie, die in Aleppo wohlhabend war, jetzt sind sie in Wien und arm. Der Vater kommandiert herum, als säße er immer noch in seiner Villa und nicht in einer schäbigen Gürtelwohnung. Doch seine Macht wirkt nicht mehr, und Sarah war die Erste in der Familie, die das durchschaute. Er befahl ihr, zu Hause zu bleiben, sie ging trotzdem raus. Er befahl ihr, Kopftuch zu tragen, sie nahm es in der Schule runter. Er schlug sie, sie sagte ihm: „Das ist verboten in Österreich." Er schlug noch fester, sie machte Fotos von ihren blauen Flecken, schickte sie via Whatsapp einer Schulfreundin und die rief die Polizei. Die kam und nahm den Vater mit.

Was genau auf der Polizeiwache passierte, wissen wir nicht. Fest steht, dass der Vater seine Tochter nicht mehr angerührt hat seither. Der einst so mächtige Mann hat Angst. Vor der Polizei, vor einer Abschiebung, vor Sarah und vor den Gesetzen, die auf ihrer Seite stehen. Inzwischen wohnt Sarah bei einer österreichischen Pflegefamilie.

Seit diesem Moment ist etwas in der Großfamilie gekippt, sämtliche Onkel spüren den Autoritätsverlust. Auch Sahras zwanzigjährige Kusine Fidaa begehrt plötzlich auf. Aufgewachsen ist sie als bildhübsches höheres Töchterchen: Kochen lernen, auf den guten Ruf der Familie achten, heiraten, wen die Eltern aussuchen, und sich vom Ehemann versorgen lassen. Als Fluchtwege aus diesem festgezurrten Lebensplan gab es bloß Tagträume („Irgendwann bin ich Tänzerin oder Fernsehstar"), Lügen, um der väterlichen Kontrolle kurz zu entwischen, und Depression.

Doch in Wien tat sich plötzlich einen neuer Fluchtweg auf. „Du bist erwachsen, Fidaa", sage ich in einem unserer langen nächtlichen Chats. „Du kannst auch allein leben.

Dann bekommst du deine eigene Mindestsicherung und kannst selbst entscheiden." Fidaa ist intelligent und ein bisschen berechnend, so hat sie es daheim gelernt. Sie hat ihren Vater beobachtet – wie er sich im Anfänger-Alphabetisierungskurs abmüht, planlos, ratlos, verloren in diesem neuen Land. Nein, sein Versorgungsversprechen wird er nicht halten können, ist ihr klargeworden. Auf Österreich zu setzen bringt ihr mehr.

Im Sommer ist Fidaa, gemeinsam mit ihrer Schwester, nun in eine eigene Ein-Zimmer-Wohnung gezogen, am anderen Ende der Stadt. Das Lernen geht ihr plötzlich viel besser von der Hand. Statt Tänzerin oder Fernsehstar zu werden, macht sie jetzt eine IT-Lehre bei einer Tageszeitung. Die Haare trägt sie offen, sie hat Hippie-Freunde und einen Hund, sie geht ins Fitnessstudio, einmal die Woche trifft sie ihre Eltern. „Ich mag sie trotzdem", sagt sie.

Ein Mysterium, mit dem ich erstmals in meinem Leben in Berührung komme, ist das System AMS. Als Freiberuflerin bin ich dort noch nie angestreift. Jetzt muss ich meinen syrischen Freunden und Freundinnen etwas erklären, von dem ich selbst keine Ahnung habe: Wie kriegt man in Österreich einen Job vermittelt?

Dass es hier viele Missverständnisse gibt, wird uns erstmals bewusst, als wir mit Abud zusammensitzen. Abud ist Koch und als solcher am Arbeitsmarkt begehrt. Ein befreundetes Ehepaar hat ihm schon im allerersten Sommer ein tolles Angebot gemacht: Küchenhilfe in ihrem Ausflugsgasthaus in Oberösterreich, eine richtige Anstellung für die ganze Saison. Wir dachten, Abud würde sofort begeistert sein. Doch jetzt schaut er zweifelnd, hat Einwände, rutscht nervös auf dem Stuhl hin und her. Wir verstehen sein Zögern nicht. Ist Abud etwa arbeitsscheu?

„Aber wenn ich in Oberösterreich bin, kann ich nicht mehr zum AMS gehen", sagt er irgendwann. „Dann wird mein Berater böse sein!" Erst da verstehen wir. In seinen Augen ist das AMS die staatliche Instanz, die den Bürgern ihre Arbeitsplätze zuteilt. Für einen Menschen, der in einem autoritären Polizeistaat aufgewachsen ist, ist das kein absurder Gedanke. Abud wollte alles richtig machen. Und er hatte Angst, etwas Verbotenes zu tun, wenn er einen Job annimmt, den nicht das AMS vermittelt hat.

Auch beim Thema Bildung passen die Debatten, die öffentlich geführt werden, so ganz und gar nicht mit unseren Alltagserfahrungen zusammen. Flüchtlingsklassen zum Deutschlernen sind eine üble rassistische Idee, lautet der Konsens aller fortschrittlichen Menschen; Integration in den normalen Regelklassen ist immer der richtige Weg. Ich bin mir da nicht mehr so sicher, und das hat mit den Zwillingen der Familie A. zu tun.

Enisa und Samira waren 14, als sie ins Wiener Schulsystem eintraten. Sie sind liebe Mädchen, ruhig die eine, lebhaft die andere, beide nicht extrem ehrgeizig, aber sie hätten durchaus etwas lernen wollen. Doch so kam es nicht. Eineinhalb Jahre lang gingen sie jeden Morgen brav in die

Brigittenauer Mittelschule, die man ihnen zugeteilt hatte. Es ist eine jener Schulen, die man bitter „Restschulen" nennt; wo alle, die keine bessere Option gefunden haben, ihre Zeit absitzen, bis die Schulpflicht endet. Dort freut man sich über zwei Schülerinnen, die keinen Alkohol trinken, keine Drogen nehmen, in einer stabilen Familie leben und keine Probleme machen. Das war's dann aber auch schon. In 270 Schultagen mit geschätzten 1600 Schulstunden sind die Zwillinge niemandem begegnet, der in ihnen irgendein Interesse wachgekitzelt oder ihnen irgendeine Perspektive gezeigt hätte. Sie saßen in einem Unterricht, von dem sie nichts verstanden, umgeben von Jugendlichen, die von Österreich längst aussortiert und abgeschrieben worden waren.

Enisa und Samira besuchen jetzt, nach Ende ihrer Schulpflicht, einen Deutschkurs, Niveau A1, für blutige Anfänger. Ja, auch ich halte die separierten Deutschklassen, wie sie die ÖVP-FPÖ-Regierung nach erbitterten Debatten schließlich einführt, für ein missglücktes Modell. Aber hätten die Zwillinge ihre 1600 Schulstunden mit intensivem, individuellem Sprachunterricht in kleinen Gruppen verbracht – sie wären wahrscheinlich längst in einer Lehre, einer Berufsschule oder gar im Gymnasium meiner Kinder.

Ähnliche Scheinheiligkeit herrscht beim Thema Nachmittagsbetreuung. Wir haben stets versucht, Kinder in Ganztagsschulen unterzubringen – speziell für Eltern, die sich in Wien noch nicht so gut zurechtfinden, mit der Organisation ihres Alltags überfordert sind, die in engen

Wohnungen leben, keine Großeltern und kein gewachsenes Netzwerk haben, ist es wichtig, wenn die Kinder den ganzen Tag versorgt sind und jemanden haben, der ihnen bei den Aufgaben hilft. Doch genau hier zeigt sich eine der vielen Absurditäten unseres Schulsystems: Denn genau diese Familien haben eigentlich gar keinen Anspruch auf die raren Ganztagsplätze. Die sind für Kinder berufstätiger Eltern reserviert.

In Kindergärten ist die Problemlage ähnlich. Ganz Österreich diskutiert über islamische Kindergärten. Alle sind sich einig, dass es Kindern guttut, in gemischten Gruppen früh Deutsch zu lernen. Auch die Eltern in unserem syrischen Bekanntenkreis sehen das so. Doch sie kommen in diesen Einrichtungen oft nicht unter.

Ihab und Asmaa haben drei Kinder, fünf, drei und ein Jahr alt. Nur das älteste bekam einen Platz im Gemeindekindergarten, allerdings nur bis 11.30 Uhr. Kurz vor dem Mittagessen muss Asmaa sie abholen, länger geht nicht, die Mutter sei nicht berufstätig, und wegen des Babys sei sie ja jetzt ohnehin zu Hause. So lautet die Auskunft der Kindergartenzuteilungsstelle.

Dass der Kindergarten nicht bloß der Betreuung, sondern auch der Bildung dient – diese Erkenntnis hat sich mittlerweile in allen Parteien durchgesetzt. Konsens herrscht auch darüber, wie wichtig es für Mütter ist, ihren Beruf im Auge zu behalten. Asmaa ist eine kluge, ambitionierte Frau, gern würde sie die Zeit nützen, um intensiv Deutsch zu lernen. Das geht aber nicht. Wegen ihrer Betreuungspflichten steht sie dem Arbeitsmarkt nicht zur Verfügung, deswegen bekommt sie keine AMS-Kurse. Umgekehrt: Weil sie keine Kurse hat, gibt es keinen Kindergarten, keine Ganztagsschule, keine Hortplätze.

Österreich predigt seinen Neo-Zuwanderern, wie wichtig Gleichberechtigung sei. Aber jetzt ist Ihab den ganzen Tag außer Haus im Büro und Asmaa den ganzen Tag mit den Kindern daheim.

„Das ist nicht gut", beschwört mich Ihab. „Du hast recht", sage ich. „Dann komm bitte mit und erklär ihnen das. Sie sind anders, wenn du dabei bist." Okay, sage ich. Ein allerletztes Mal.

99 In Syrien gilt Schule nicht unbedingt als etwas besonders Erfreuliches, die Kinder gehen in die Schule, weil sie müssen, und die Lehrerin ist eine Respektsperson, nicht viel mehr. Wenn die Kinder zu spät kommen, werden sie geschimpft, und bis vor wenigen Jahren war es auch üblich, Kinder zu schlagen. Erst Anfang der 2000er-Jahre wurde Gewaltanwendung an Schulen verboten.

Jedenfalls lieben Leyla und Omar ihre Lehrerinnen hier in Wien, und deshalb fahren wir auch kreuz und quer mit der Bim durch die Stadt, damit sie nach unserer Übersiedlung weiterhin in dieselbe Volksschule gehen können. Ich habe schon überlegt, Straßenbahnfahrerin zu werden, da kenne ich mich mittlerweile wirklich gut aus! Einmal war so viel Schnee, dass die Straßenbahn nicht gefahren ist und wir viel zu spät gekommen sind. Die Lehrerin hat Leyla gleich beim Hereinkommen umarmt und hat gesagt: Schön, dass du jetzt da bist!

Wenn die Kinder in der Schule sind, fahre ich in den 23. Bezirk, wo ich meinen Deutschkurs besuche. Ich muss unbedingt bis zum Sommer bis zur Stufe B1 kommen, sonst kann ich meinen Platz an der Fachhochschule nicht antreten. Ich werde ab dem Wintersemester noch einmal studieren, denn mein Uni-Abschluss ist in Österreich nicht ausreichend. Manchmal setze ich mich nachts um 23 Uhr noch hin, um Deutsch zu lernen, wenn der Haushalt gemacht ist, die Gäste weg sind und die Kinder im Bett.

Nochmals studieren, das heißt: Drei Jahre lang wird es dauern, bis ich selbst Geld verdienen werde, noch drei Jahre lang werden wir auf finanzielle Unterstützung angewiesen sein. Das ist schwierig zu akzeptieren, denn in Syrien waren wir wohlhabend und mein Mann und ich haben immer den Armen gegeben. Wir mussten niemals um Hilfe bitten.

Wir haben alles gehabt und durch den Krieg alles verloren. Es fällt mir hier manchmal so schwer, immer jemanden um etwas zu bitten und immer um etwas zu fragen. Wir leben jetzt von der Mindestsicherung. Natürlich sind wir dankbar, denn Wien ist teuer. Gleichzeitig ist es schwer zu ertragen. Es ist demütigend, arm zu sein.

Wir haben uns vorgenommen, jede Sekunde zu nützen, um zu lernen, und daran zu arbeiten, bald aktiv etwas beizutragen. Ich möchte etwas zurückgeben. Denn hier ist unsere Zukunft. Hier ist unsere zweite Heimat. Wir lieben Wien und Österreich, es gibt keinen besseren Platz. „

JANUAR 2018 BIS JUNI 2018

Österreich hat eine neue Regierung. Auch Fatima hat eine neue Regierung. Sie weiß es: Sie liest U-Bahn-Zeitung, verfolgt die Nachrichten, sie versteht, dass sie – als Muslima, Flüchtling und Mindestsicherungsbezieherin – alle hitzig diskutierten politischen Themen dieses Landes auf sich vereint. Und sie spürt es: In der Straßenbahn wird sie öfters missbilligend angezischt. „Geh zurück nach Hause, wir haben dich nicht eingeladen", sagen ältere, fein angezogene Damen. „Ned amal Deutsch kannst!"

Fatima hat neuerdings das Gefühl, sich rechtfertigen zu müssen – nicht vor den Damen, sondern auch vor uns. „Wegen der Flüchtlinge" ist Österreich gespalten. „Wegen der Flüchtlinge" sind die Grünen aus dem Parlament geflogen. „Wegen der Flüchtlinge" regieren jetzt Kurz und Strache. „Wegen der Flüchtlinge" werden die Sozialleistungen für alle gekürzt.

Es ist einer der frühen heißen Tage dieses Frühlings, Fatima und ich sitzen auf einer Picknickdecke in Steinhof, ihre drei Kinder machen Experimente mit Brennnesseln, wir schauen auf Wien hinunter. Es ist so schön. Ich erzähle, dass Österreich früher anders war. Man fürchtete sich nicht vor Attentaten, der Islam war kein Thema. Es klingt wie ein Märchen aus ferner Zeit. Fatima schaut mich verzweifelt an, als hätte ich in diesem Moment die Gesamtschuld für den Zustand des Landes auf ihre Schultern geladen. „Das war nicht meine Absicht", sagt sie in den gewählten Worten, die sie inzwischen verwendet. Es gibt mir einen Stich.

✳

Klar ist: Unter den neuen politischen Verhältnissen wird der Druck auf uns alle wachsen, ökonomisch ebenso wie rechtlich. Es wird bald weniger Geld geben, weniger Unterstützung, mehr Drohungen. Auch für all jene, die im Alltag mit geflüchteten Menschen zu tun haben, wird der Stress größer werden. Gleichzeitig erwische ich mich jedoch manchmal dabei, wie ich Kurz/Strache als Argument benütze, wenn ich nicht mehr weiter weiß. „Du musst endlich selber Geld verdienen", höre ich mich sagen, wenn mir jemand mit seiner Laschheit auf die Nerven geht, „unter der neuen Regierung wird es nicht ewig so weitergehen." Oder: „Wenn du nicht schnell besser Deutsch lernst, findest du nie einen Job, und wenn du keinen Job findest, werden sie dich irgendwann zurückschicken." Ich klinge wie eine penetrante Gouvernante. „Feldwebel" nennt mich eine Freundin.

Bin ich zu ungeduldig? Zeit zum Nachzählen. Von den etwa vierzig Erwachsenen in unserer zufällig zusammengewürfelten Flüchtlingsgruppe haben inzwischen zehn richtige Jobs. Ihab hat in der Firma unseres Nachbarn ein Praktikum als Buchhalter gemacht und war so gut, dass sie ihn angestellt haben – einfach so. Mustafa hat das Arbeitsmarktservice zu Magna nach Graz vermittelt, Ibrahim zu Blizzard nach Mittersill. Suad, das somalische Sprachgenie mit der immer guten Laune, arbeitet als Übersetzerin bei Caritas und Rotem Kreuz; unser Mitbewohner Ayham schneidet Videos in der Standard-Online-Redaktion. Fünf junge Leute haben Saisonjobs in der Gastronomie angenommen: Ghassan in einem Meidlinger Bierlokal, Hiba in einem Eissalon

in Baden, Abud arbeitet, inzwischen schon den dritten Sommer, bei unseren Freunden im Ausflugsgasthaus in Oberösterreich (wo er inzwischen zum Spätzle- und Buchtelprofi geworden ist).

Mehrere haben, obwohl sie schon älter sind, nochmal eine Lehre begonnen – als Koch, Klimatechniker, Lebensmitteltechniker, Friseur; der quirlige Louai, eigentlich Fotograf, macht eine Lehre als technischer Zeichner in einem Architekturbüro (ein Facebook-Aufruf hat ihn mit seinem Chef zusammengebracht). Den inoffiziellen Orden als Heldin der Arbeit trägt jedoch Fatimas Schwester Houdaa: Sie hat in den letzten beiden Jahren – neben ihrem Baby – quasi rund um die Uhr gelernt und alle Prüfungen für die Nostrifizierung ihres Pharmaziestudiums geschafft. Seit Juli steht sie hinter der Ladentheke einer Apotheke.

Aber nicht bei allen ging es so gut. Bei der 25-jährigen Aziza drückte ein bewaffnetes Polizeikommando im Mor-

gengrauen die Tür ein und steckte sie in Schubhaft – sie muss zurück nach Italien, ein Dublin-Fall. Drei afghanische Burschen kämpfen gegen einen negativen Asylbescheid, während eine libysche Familie seit nunmehr schon eineinhalb Jahren auf das allererste Behördeninterview wartet. Mehrere Frauen haben den Einstieg in die Arbeitswelt mit einem Baby noch zwei, drei Jahre hinausgeschoben. Bei anderen schleicht sich langsam Ratlosigkeit ein.

Ghalia, eine robuste, resolute Frau, war in Syrien Mathematiklehrerin. Sie unterrichtete vor Klassen mit fünfzig Kindern, sie ist es gewöhnt, sich durchzusetzen. Nun jobbt sie geringfügig in der wundervollen Buchhandlung Hartlieb, packt dort Geschenke ein, schlichtet Regale. Sie redet gern, lacht viel. Bis sie eines Tages kurz verschwindet. Die Chefin findet sie in einer Ecke kauernd, neben einem Stapel Mathematik-Übungsbücher, die eben geliefert wurden. Ghalia weint. Sie werde nie wieder in einer Schule stehen, nie wieder Mathematik unterrichten, habe ihr die AMS-Beraterin mitgeteilt. Es gab zwar ein spezielles Schulungsprogramm für geflüchtete Lehrer, doch dafür sei ihr Deutsch nicht gut genug, sie sei auch schon „zu alt". Ghalia ist vierzig. Demnächst, so steht es in der Zeitung, soll das Programm wegen fehlender Finanzierung ganz eingestellt werden.

Oder Said. Said ist Tischler, packt stets an, wenn ihn jemand braucht. Für ein Flüchtlingsheim hat er, unter den staunenden Blicken von Architekturstudenten, aus Sperrmüll ein ganzes Café samt Bühne gezimmert. Doch Deutsch schafft er einfach nicht. „Ich will arbeiten" ist der einzige Drei-Wort-Satz, den er herausbringt. Keine Firma wird je einen Tischler einstellen, der die Sprache nicht versteht.

Das Ehepaar B., beide über fünfzig, hat überhaupt aufgegeben: Zu Hause waren sie reich, hier sind sie niemand. Nochmal bei Null anfangen? Putzen gehen? Ihre Kinder, 25, 20 und 17 Jahre alt, haben hiesige Freunde, schmieden Pläne, machen Ausbildungen, gehen auf Partys; die Eltern jedoch wollen und können nicht mehr. Sie werden zu Verwandten nach Ägypten ziehen, die Kinder allein hierbleiben. Den Bürgerkrieg hat diese traditionelle, autoritäre, konservative Familie überlebt. Den österreichischen Alltag nicht.

„Putzen gehen" ist die Drohung, die neuerdings über allem schwebt. Wenn nichts anderes klappt, wird das die einzige Joboption sein, die bleibt. Offenbar klingt „Putzen gehen" auf Arabisch noch schlimmer als auf Deutsch – jedenfalls zucken immer gleich alle zusammen, wenn ich das Wort scherzhaft verwende. Obwohl die Stundenlöhne beim Putzen deutlich besser sind als bei fast allen Jobalternativen; und oft auch die Arbeitsbedingungen.

Die intelligente Asmaa hat das kapiert, und ihre Dünkel abgelegt. Sie hilft neuerdings – offiziell angemeldet – täglich ein paar Stunden im Haushalt unserer Freundinnen Nora und Sabine. Die beiden haben zwei kleine Kinder im selben Alter wie jene von Asmaa und Ihab, wohnen in der Nähe, und auch atmosphärisch passt alles wunderbar. Obwohl Asmaa einen Moment der Verwirrung erlebte. Zwei Frauen mit zwei Kindern in einem Haushalt, wie geht das? Ist die eine Frau die Mutter der anderen? Aber warum schauen sie dann gleich alt aus? Und wo sind die Ehemänner?

Lang dauert es jedoch nicht, bis sich alles ganz normal anfühlt. Wir sitzen gemeinsam beim Abendessen und Ihab erzählt, wie er Asmaa kennenlernte. In einem Bergdorf sei er aufgewachsen, seine Eltern hätten ihm dort schon eine Braut ausgesucht gehabt. Doch unten in der Stadt, im Geschäft, wo er arbeitete, sah er Asmaa an der Kassa sitzen und wusste: Die muss es sein. Sie erwiderte seine Gefühle. Gemeinsam warben sie um die Zustimmung seines Vaters, konnten ihn schließlich erweichen, und während sie das erzählen, schauen sie einander verliebt an. Sabine sagt: Bei uns war es ähnlich. Ich komme auch aus dem Dorf. Ich hab mich in Wien verliebt, bei der Arbeit. Und meinem Vater fiel es auch am Anfang schwer, das zu akzeptieren.

„Aber jetzt haben wir Kinder und unsere Väter freuen sich", sagt Ihab. Ach, könnte Verstehen doch immer so einfach sein.

✻

Es wird viel über die Mindestsicherung diskutiert in diesen Monaten. Auch ich hadere damit. Immer wieder leiten wir Jobangebote weiter. „Eine Cateringfirma sucht eine Küchenhilfe, das ist gleich bei euch um die Ecke, wäre das nichts für deine Mutter?", frage ich den Sohn der Familie A. „Meine Mutter ist noch nicht bereit", antwortet der knapp. Mich ärgert das. Brauchen manche Menschen wirklich existenzbedrohenden Druck, um in die Gänge zu kommen?

1800 Euro bekommt eine fünfköpfige Familie monatlich vom Sozialamt. Das ist nicht wenig. Angesichts der horrenden Mieten, die alle zahlen, allerdings auch nicht allzu viel. Problematischer als die Höhe der Geldleistung ist etwas anderes: Die Mindestsicherung zwängt die Menschen in ein komplexes Regelsystem, aus dem sie nur schwer wieder herausfinden. Ein enges Korsett aus Terminen hält sie umschlungen, man hat gelernt, dass man nie unentschuldigt fernbleiben darf, das Wort „Zeitbestätigung" bringen alle flüssig über die Lippen. Ständig muss man Formulare ausfüllen, Nachweise bringen („Legen Sie Kontoübersichten der vergangenen zwei Jahre bei"), Wohnungspläne zeichnen („Wer schläft wo?"), Dokumente parat haben („für alle im Haushalt lebenden Personen"). Laufend werden neue Hürden aufgestellt: Mal muss man, ehe man Geld kriegt, beim Bezirksgericht Unterhaltsklage gegen Verwandte einbringen; mal muss man den „Integrationsvertrag" unterschreiben und dafür nächtelang auf der Straße Schlange stehen.

All das ist demütigend, es hält die Leute rund um die Uhr auf Trab. Gleichzeitig hält es sie von den wirklich wichtigen Fragen ab: Wie verdient man eigentlich eigenes Geld? Wie funktioniert die Arbeitswelt dort draußen? Wie grüßt man in einem Büro, in einer Fabrik, wo isst man zu Mittag, wie begegnet man Vorgesetzten? Die Arbeitswelt ist für die meisten noch ein völlig fremdes Territorium, mit Scheu und Versagensängsten besetzt.

Besonders schwer ist es, sie für einen Job aus Wien hinauszulocken. Am Land, sagen die Syrer, mag man uns nicht. Und wir verstehen die Leute nicht, wenn sie Dialekt reden.

Geschichten wie jene von Hasan nähren all diese Ängste. Hasan ist ein Selfmademan, aufbrausend, stolz, direkt. Mehrmals schon hat ihn der Tod gestreift: Unfälle, Bomben, Schiffbruch, seine Heimatstadt Homs ist ein Trümmerhaufen. Hasan beschloss am ersten Tag in Wien, so schnell wie möglich Österreicher zu werden. Er zog absichtlich in ein Stadtviertel, in dem es kaum Ausländer gibt, trainiert täglich in einem Fitnessstudio und will auf eigenen Beinen stehen. Als ein Bekannter einen Job in einer Lebensmittelfabrik anbietet – in Niederösterreich, Schichtdienst, harte Arbeit, gutes Geld –, schlägt Hasan sofort zu. Er lässt die Ehefrau und die drei Kinder in Wien und bezieht ein Pendlerzimmer. „Ich schaffe das", postet er auf Facebook, jetzt beginnt unser neues Leben.

Zu Beginn seiner zweiten Arbeitswoche scheint irgendetwas faul zu sein. Wie ein Krankenstand funktioniere, fragt Hasan per Chat. Was ist los? Hasan antwortet ausweichend. Er sei erschöpft, sagt er kryptisch, aber er werde kämpfen.

Anfang der dritten Woche schließlich ruft der freundliche Personalchef an: Es sei ihm sehr unangenehm, aber er müsse berichten, dass ein aufgebrachter Hasan eben in sein Büro geplatzt sei, um sich über Rassismus zu beschweren. Man habe sich wirklich um ihn bemüht, aber so gehe das leider nicht. Oh weh, denke ich.

Es gibt zwei Varianten dieser Geschichte. Die Variante der Firma: Hasans Leistung habe nicht gepasst, er sei der langsamste im Team, niemand in der Firma sei ausländerfeindlich (schließlich seien fast alle Beschäftigten Ausländer), Hasan komme mit seiner Vorgesetzten nicht klar, vielleicht liege das daran, dass er Araber sei, und sie eine Frau? Hasans Variante: Die Kollegen und die Schichtleiterin, Ungarn und Rumänen allesamt, hätten ihn von Anfang an anrennen lassen, absichtlich unverständlich gesprochen, damit er Fehler mache, und sich dann über ihn lustig gemacht. Mehrfach hätten sie ihn als arabischen Terroristen beschimpft, müsse er sich das wirklich gefallen lassen?

Gut möglich, dass beide Geschichten gleichzeitig wahr sind. Nach drei Wochen ist das Experiment zu Ende, Hasan ist zurück in Wien, alle Ängste unserer Bekannten haben neue Nahrung, und ich bin frustriert.

Auch Fatima tritt auf der Stelle. Fatima, die Tapfere, die in Syrien als dreifache Mutter stets berufstätig war, strebsam, eloquent, selbstbewusst – inzwischen ist sie zermürbt. Sie hat hartnäckige Fieberblasen auf der Unterlippe. In der syrischen Telefonfirma war sie Abteilungsleiterin, ihr Mann

Mohammed war ihr Untergebener. Doch hier in Wien sagt sie jetzt Sätze wie: „Vielleicht sollte zuerst Mohammed einen Job finden."

Bei der Aufnahmeprüfung an der FH ist sie gescheitert – wir wissen nicht genau, warum. Es war ein schwerer Schlag. Seit zweieinhalb Jahren reiht sich bei ihr nun Kurs an Kurs, Prüfung an Prüfung, Deutsch A1, A2, B1, B2, Englisch, Computerführerschein. Sie hat es mit einem technischen Lehrgang versucht: Im TGM saß sie in einem Hörsaal voller Berufsschüler, sie war eine von ganz wenigen Frauen und die Älteste im Raum. Niemand sprach mit ihr. Sie versuchte sich auf den Vortrag zu konzentrieren, aber sie verstand kein Wort. Der Lektor, Maschinenbauer, sprach frei, auf Wienerisch, führte Schmäh. Es gab keine Folien, kein Skriptum zum Nachlesen. Fatima versuchte mitzuschreiben, aber sie wusste nicht, was. Sie zeigte auf und bat den Lektor, deutlicher zu sprechen, er bemühte sich drei Sätze lang, dann vergaß er es wieder. Am Ende der Stunde bat Fatima ihren Banknachbarn, ein Foto seiner Mitschrift machen zu dürfen. Er drehte sich brüsk weg. Fatima riss sich zusammen. Erst in der Straßenbahn weinte sie.

Das „Frauen in Technik"-Programm, Bewerbungstrainings, Coaching, Mentoring – alles hat Fatima durch, der konkrete Job fehlt immer noch. Ich bin mit meinem Latein am Ende. Ich verstehe nichts von IT, Programmiersprachen und Telefonen. Ich habe keine Ahnung, wie qualifiziert Fatima am Computer ist. Was für ein Job war das eigentlich bei der syrischen Telefonfirma? Vielleicht nur ein Versorgungsposten? Für welche Arbeit wird man sie in Österreich je brauchen?

Sie wolle ja „nicht umbedingt Bundespräsidentin werden", schreibt sie im Chat. Das ist der Schmäh, den ich an ihr so liebe. Doch auch von mir ist sie enttäuscht. „Ich will mit dir ehrlich sein, das bringt doch alles nix", kommt ihre barsche Antwort kurz nach Mitternacht, als ich sie um Hilfe für diesen Text bitte. „Du bist berühmde Journalistin und viele haben die Geschichte von Fatima gelesen. Ich habe erwartet, dass ich danach schnell einen Job finde …, aber leider nix … Ich bin jetzt ratlos! Ich bin müde! Ich kann mein Leben nicht mehr vergnügen!"

Gemeinsam ratlos sitzen wir beim AMS, es ist ein offenes Gespräch. Es sei nicht leicht am Arbeitsmarkt, sagt ihre Beraterin klipp und klar, zumal Fatima zwei Handicaps habe: das noch nicht perfekte Deutsch und das Kopftuch. Fatima zuckt zusammen. Zum ersten Mal hat von offizieller Seite jemand ausgesprochen, was sie monatelang von mir nicht hören wollte. „Mein Kopftuch stört bei der Arbeit? Warum denn??", sagt sie entgeistert, verzweifelt. „Dann muss ich zu Hause bleiben", setzt sie nach ein paar Schrecksekunden eisig, trotzig nach. „Wie ihr wollt."

„Wie ihr wollt"? Jetzt bin ich an der Reihe, die Fassung zu verlieren. Was soll das heißen? Wer ist „ihr"? Ich bin wütend auf alle: auf die Rassisten, die Fatima anpöbeln, auf die Politiker, die sie dazu anstiften, auf die Mullahs, die sich frauenverachtende Kleidervorschriften ausdenken, und auf meine sture Freundin, die an diesen Vorschriften eisern festhält.

Die Hidschab-Frage betrifft nicht nur Fatima. Aber kaum jemand redet ehrlich darüber. Wir haben zwei Lehrerinnen in der Gruppe – neben Ghalia, die Mathematik unterrichtete, auch die stille Nesrin, die Sporttrainerin war. „Ich glaube, es ist leichter, an einer Schule einen Job zu finden, wenn ihr den Hidschab abnehmt", sage ich einmal bei Tee und Kuchen. Nesrin erschrickt, als hätte ich von ihr verlangt, sich splitternackt auszuziehen und ein Pornovideo zu drehen. Nein, ich kann mir tatsächlich nicht vorstellen, was diese Vorstellung in ihrem Kopf auslöst. Ist es für sie so ähnlich, wie wenn ich oben ohne im Büro sitzen müsste? Ich würde gern nachlegen und sagen: Nimm es runter, dann kriegst du einen Job! Im letzten Moment jedoch verkneife ich es mir. Es wäre ja auch eine Lüge.

Alle destruktiven Kräfte hingegen haben längst kapiert, wie der Hase läuft. Das wird mir klar, als ich Ali und Kadisha kennenlerne. Die beiden sind ein schüchternes Ehepaar aus einem syrischen Hühnerdorf. Sie haben Angst vor der U-Bahn, Angst vor der Stadt, tasten sich nur widerstrebend hinaus ins Leben, lassen unsere Einmischung in ihr Leben nur widerwillig zu. Kadisha, 21, ist klein, zart und schon dreifache Mutter. Selbst hat sie zwölf Geschwister und nie gelernt, „ich" zu sagen.

Sie sei noch so jung, sage ich zu ihrem Ehemann. Sobald alle Kinder im Kindergarten seien, werde sie einen Beruf lernen können, was denn da infrage käme? Egal, antwortet Ali, seine Ehefrau werde ohnehin nicht arbeiten. „Aber sie muss!", sage ich entrüstet. „Nein, sie muss nicht, weil sie Hidschab trägt", erklärt er mir listig. „ Frauen mit Hidschab können in Österreich nicht arbeiten. Das sagen alle, auf Facebook, überall."

Ich schnappe noch nach Luft, während Ali mich schon triumphierend angrinst. Der Hidschab schützt vor Arbeit, und die Diskriminierung gegen Musliminnen in der Arbeitswelt liefert den willkommenen Vorwand dafür. Unter dem Kopftuch finden Rassisten und Islamisten in inniger Umarmung zusammen. Wie man Integration verhindert? Ali hat es schneller durchschaut als ich.

„Das sagen alle, auf Facebook, überall": Sogar Fatima ist vor solchen Legenden nicht gefeit. Wir sitzen auf ihrem Ecksofa beim Kaffee, aufgeregt, denn wir haben eine neue Idee. Die ÖBB sucht Fahrdienstleiter – „das wäre was für dich!" Fatima am Steuerpult, wie sie Weichen für die großen Züge stellt, gewissenhaft ist sie ja. Eine schöne Idee. Wir schauen uns Werbetestimonials auf Youtube an. Fatima erinnert sich an den schönsten Moment ihrer Flucht: Ein Bahnsteig in Kroatien, die Kinder zerren quengelnd an ihrer Hand, alle sind erschöpft, da fährt ein Zug ein, man sagt ihnen, sie sollen einsteigen, der fahre nach Wien. Nach Wien! Endlich in Sicherheit! Mit dem Zug! Wir schreiben das in ihren ÖBB-Bewerbungsbrief.

Dann stolpern wir über das Wort „Schichtdienst". „Heißt das, ich muss in der Nacht arbeiten?" „Sicher, Züge fahren ja auch nachts." „Können das nicht die Kollegen statt mir machen?" „Beim Bewerbungsgespräch würde ich das nicht gleich fragen", sage ich, „was ist denn so schlimm daran, ab und zu in der Nacht zu arbeiten?" „Dann muss ich nachts auf der Straße gehen, und Musliminnen werden nachts auf der Straße überfallen", sagt Fatima bestimmt. Von wem denn? „Von Betrunkenen. Von Rassisten." „Ist dir das denn schon passiert?" „Nein", sagt sie. „Aber das sagen alle, auf Facebook, überall."

Es scheint zwei parallele Welten zu geben. In der einen fürchten sich österreichische Frauen vor arabischen Männern. In der zweiten fürchten sich arabische Frauen vor österreichischen Männern. In beiden Welten wird behauptet, wegen der jeweils anderen könne man nachts nicht mehr auf die Straße gehen.

Mohammed, der uns die ganze Zeit zugehört hat, bricht an dieser Stelle in prustendes Lachen aus. Diese Spiegelbildlichkeit der Ängste ist uns allen noch nie so deutlich bewusst geworden. Eigentlich ist das überhaupt nicht lustig. Aber es ist genau jene Art Ironie, die Mohammed gefällt.

※

Mit ihren Kindern hat Fatima Glück. Über Vermittlung einer Bekannten dürfen ihre zwei jüngeren Kinder im kommenden September in eine der begehrtesten Privatschulen Wiens wechseln. Es ist eine Ganztagsschule in der Nähe ihrer neuen Wohnung in einem gutbürgerlichen Bezirk, sie gehört einer kirchlichen Stiftung, hat einen großen Garten, es gibt schicke Schuluniformen, fast alle Kinder haben Akademikereltern und Deutsch als Muttersprache. Man zahlt hier normalerweise über 400 Euro pro Monat, doch Fatima bekommt zwei Stipendienplätze. Wie super!

Fatima freut sich. Sie forscht aber noch nach. „Eine Schule von der Kirche, wird dort sehr viel gebetet?" „Nur ein bisschen, beten ist dort nicht so wichtig." „Warum wollen die Eltern dann eine religiöse Schule?" Heikle Frage, schwierige Antwort. „Weil es eine gute Schule ist, mit netten Lehrern, einem großen Garten, und weil dort nicht so viele Ausländerkinder sind wie in der normalen Schule." „Wir sind auch Ausländer." „Kein Problem, ihr passt dorthin, glaub mir." „Sind die Leute dort gegen Flüchtlinge? Wählen sie FPÖ?" „Nein, Fatima, keine Sorge, die Eltern dort mögen Flüchtlinge, die sind wie wir, viele Grüne, Journalistenkollegen, SPÖ-Politiker." „Warum gehen ihre Kinder dann nicht in eine normale Schule, wo mehr Flüchtlinge sind?" Ich höre meinen Erklärungen zu, die immer absurder klingen. Fatima schaut prüfend, aber sie hat verstanden. Sie hat es schon wieder geschafft, den Finger genau dort draufzulegen, wo es wehtut.

Gleichzeitig macht Leyla, Fatimas älteste Tochter, einen großen Sprung: Sie kommt in die erste Klasse Gymnasium.

Vom sozialen Umfeld her ist das der passende Ort für sie. Doch es führt uns gleichzeitig vor Augen, wie wenig das System AHS auf Flüchtlingskinder eingestellt ist. Als erstes Buch liest Leyla dort Christine Nöstlingers „Rosa Riedl Schutzgespenst". Ein Wiener Klassiker, der alle Ideale emanzipatorischer Kinderliteratur der Siebzigerjahre vereint: Die Arbeiterkinder von damals konnten sich in den Dialektausdrücken wiederfinden, und gleichzeitig in den Erzählungen ihrer Eltern aus Nazizeit und Krieg.

Was für die Außenseiterkinder der Siebziger integrativ gedacht war – die Wertschätzung ihrer Alltagssprache, ihrer Ottakringer Lebenswelt und ihrer Familienbiografie – wirkt für die Außenseiterkinder von heute jedoch ausschließend. Leyla hat in diesen drei Jahren super Deutsch gelernt, aber Wiener Dialekt versteht sie einfach nicht. Auch mit der Art, wie im Unterricht über das Buch geredet wird, kann sie nichts anfangen. „Du bist behütet im Frieden aufgewachsen und kannst dir nicht vorstellen, wie es ist, wenn Bomben fallen", heißt es da in einem Aufgabentext. Leyla schaut mich ratlos an: „Was soll ich da schreiben?"

Wir formulieren gemeinsam trotzig: „Ich bin im Krieg aufgewachsen, und ich weiß, wie es ist, wenn Bomben fallen." Wie lohnend könnte es sein, die Kriegserfahrungen der Wienerin Rosa Riedl mit den syrischen Kriegserfahrungen der gegenwärtigen Wiener Schulkinder in Verbindung zu bringen! Aber niemand im Gymnasium hat Leyla je nach ihrer Geschichte gefragt.

Ich habe „Ihr passt dorthin" gesagt – und es tatsächlich genau so gemeint. Was ihre Umgangsformen, ihre Bildung, ihren traditionellen Familiensinn betrifft, gehört Fatimas Familie genau in den bürgerlichen Bezirk, in dem sie jetzt wohnt, wie auch in ihre gediegene Altbauwohnung mit den Flügeltüren. Zur Unterklasse gehörig machen sie gleichzeitig Äußerlichkeiten: die Termine beim Sozialamt, die verbilligte Monatskarte für Sozialhilfeempfänger, das Geld, das kaum für die Miete reicht. Fatima zuckt jedes Mal zusammen, wenn wieder ein Kuvert mit einem Erlagschein kommt. Schulkleidung, Ausflüge, Geburtstagsgeschenke – das Leben unter wohlhabenden Menschen ist teuer. Fatima kompensiert den Mangel mit Jagdinstinkt. Sie hat einen Sport draus gemacht, systematisch Flohmärkte abzugrasen und dort Dinge zu finden, um die sie alle – allen voran ihre Schwester Houdaa – beneiden.

Das edle grau-beige Tuch, das sie heute trägt? „Ein Euro, Kirchenflohmarkt", sagt sie stolz. Die schicke weiße Wolltunika? „Fünfzig Cent", grinst sie. Wir sagen ab heute nicht mehr „Flohmarkt", wir sagen jetzt „Vintage", wie es sich in diesen Kreisen gehört.

Fatimas Villa in ihrer syrischen Heimatstadt steht noch. Das wissen sie und ihr Mann, denn sie haben es eben in einem wackeligen Video gesehen, das auf Youtube kursiert. Mohammed zückt sein Handy und ruft das Video ab. Es zeigt ein Interview mit einem hohen Offizier der syrischen Regierungsarmee. Der Offizier steht an einer Straßenkreuzung in einer noblen Wohngegend. Ein Polizist regelt den Verkehr. Im Hintergrund: das dreistöckige Haus, 15 Zimmer, gebaut von Fatimas Schwiegereltern, kühle polierte Steinmauern, über den Gartenzaun ragen die Wipfel von Palmen. Das Ehepaar und die Kinder bewohnten den ersten und zweiten Stock, die Schwiegereltern das Erdgeschoß. „Es ist das schönste Haus im Viertel", sagt Mohammed stolz. Und weil es so schön ist, wohnen jetzt Generäle drin.

Was der Offizier in dem Video in die Kamera sagt, auf der Straße vor ihrem Haus, klingt wie eine direkte Nachricht an Fatima und Mohammed, hier auf ihrem Wiener Sofa: „Wer aus Syrien nach Europa geflohen ist, den brauchen wir hier nicht mehr", sagt der Offizier. „Die sollen gar nicht mehr zurückkommen."

Fatima und Mohammed verstanden die gesamte Tragweite dieser Botschaft sofort. Für die österreichische Öffentlichkeit erschließt sie sich erst einige Monate später, als der syrische Diktator Assad im Frühjahr 2018 offiziell per Gesetz die Enteignung aller Geflüchteten verkündet. Vier Wochen haben alle Bürger Zeit, um ihre Ansprüche auf Grundstücke, Häuser und zurückgelassene Wertgegenstände vor Gericht anzumelden. Wer das nicht tut – oder nicht tun kann, weil er nicht in Syrien ist – dessen Besitzrecht erlischt.

Die Terrasse. Der Schatten unter den Bäumen. Der Innenhof, wo Leyla Rad fahren gelernt hat. Der Schlüssel, der manchmal im Schloss klemmte. Der Blick aus dem Schlafzimmerfenster: So oft hat Fatima mit dem Gedanken gespielt, das alles eines Tages wiederzusehen. So oft wurde sie gleichzeitig von der neuen österreichischen Regierung daran erinnert, dass Asyl bloß ein „Schutz auf Zeit" sei und dass Flüchtlinge zurückkehren müssten, um „ihr Land wieder aufzubauen".

So gern habe ich selbst mir schon den Moment ausgemalt: Wie es wohl sein wird, irgendwann, wenn wir alt sind, mit Fatima in ihre Heimatstadt zu reisen und auszuprobieren, ob der Schlüssel zu ihrem Haus noch passt. Spätestes heute, im dritten Jahr nach dem Flüchtlingsherbst, ist klar: Das wird alles nie passieren. Das Haus ist weg. Es gibt kein Zurück.

„Geh doch zurück nach Hause, wir haben dich nicht eingeladen!", werden die ahnungslosen feinen Damen in der Wiener Straßenbahn trotzdem weiterzischen. Ich ermuntere Fatima, ihnen doch mal zu antworten. Ihre ruhigen, klaren, gewählten Worte würden die Damen beschämen, meine ich.

Aber Fatima sagt, sie hat keine Kraft dazu. Die Antwort, die sie geben müsste, wäre zu lang.

99 Ich habe noch meine Mutter in Syrien. Immer wenn ich mit ihr telefoniere, sagt sie, dass die Sonne scheine und herrliches Wetter sei. Am Anfang habe ich mich gewundert. Mittlerweile weiß ich, dass sie nicht übertrieben hat. Sie kann aus dem Internetcafé über Whatsapp einfach nur dann telefonieren, wenn der Himmel blitzblank ist, andernfalls funktioniert das Netz nicht. Fragt mich mein Mann nach dem Telefonat, was es Neues gebe daheim, sage ich ihm: Es scheint die Sonne. Ja, unseren Humor haben wir nicht verloren. Sonntags, wenn ich anrufe, scheint in Syrien immer die Sonne! **66**

EXKURS

ÜBERS HELFEN

Vier Jahre mit Fatima – das waren vier interessante Jahre, was Österreich betrifft. Über das Fremde schaut man ja stets auch das Bekannte aus neuer Perspektive an. Man lernt neue Leute kennen, neue Seiten an altbekannten Leuten, vor allem aber neue Seiten an sich selbst. Das beginnt beim Akt des „Helfens", der immer zwiespältig ist. So selbstlos man sich beim Helfen auch fühlen mag – man tut es natürlich immer auch aus egoistischen Motiven. Wer hilft, dem geht es nachher besser – oft unabhängig davon, ob es auch jener Person, der man geholfen hat, messbar besser geht. Im Idealfall gibt es als Belohnung Erfolgserlebnisse, auf die man stolz sein kann. Beziehung, Dankbarkeit.

Helfen hat gleichzeitig eine finstere narzisstische Seite. Wer entscheiden kann, wem man etwas gibt oder vorenthält – Zeit, Geld, Zuneigung –, hat Macht. Wir haben in diesen vier Jahren – als ganz private Gruppe, ohne Vereinsstrukturen, ohne steuerliche Spendenabsetzbarkeit – ingesamt mehr als 100.000 Euro gesammelt und verteilt. Für Kautionen, Sprachkurse, Mietsubventionen, Anwaltshonorare, Heizungsreparaturen, Zoobesuche, Führerscheine, Schwimmlehrerinnen und akute persönliche Notlagen. In einem besonders tragischen Fall sogar für das Begräbnis eines Mordopfers. Wem gibt man was und wie viel? Warum zahlen wir bei der Wohnung für x mit, nicht aber bei jener für y? Warum kriegt Mustafa eine Monatskarte und Ahmed nicht?

Objektive Kriterien dafür gibt es nicht, sondern ausschließlich ein subjektives Fairnessgefühl.

Über die Jahre ist unsere Gruppe an verschiedenen Rändern gewachsen und ausgefranst – doch es gab und gibt immer wieder Leute, die wir nicht dabeihaben wollen. Einfach so - weil sie einem nicht sympathisch sind. Man könnte „Willkür" dazu sagen. Und mitunter erwischt man sich dabei, dass man aus der Tatsache, dass man jemandem hilft, das Recht ableitet, ihm Ratschläge zu geben, wie er leben soll.

Im Privaten spiegelt sich hier ein Konflikt, der seit vier Jahren parallel auch auf der politischen Ebene ausgetragen wird. Bei den erbitterten Debatten um Wertekurse, Arbeitspflicht und Mindestsicherung dreht es sich im Kern immer um das Verhältnis von Geben und Nehmen: Wie viele Bedingungen darf ein Staat daran knüpfen, dass er Sozialleistungen ausschüttet? Zu welchen Gegenleistungen verpflichtet sich jemand, der Hilfe von der öffentlichen Hand in Anspruch nimmt? Wie viele erhobene Zeigefinger verträgt eine Beziehung, ehe sie in autoritäre Bevormundung kippt? (Aber ein bisschen einmischen wird man sich wohl noch dürfen, oder?)

Dass Helfen nicht ganz einfach ist, kann man schon in den allerersten Tagen der Flüchtlingskrise ahnen, in den dramatischen Tagen am Wiener Westbahnhof.

Es ist schrecklich voll – nicht nur am Bahnsteig eins, wo die Flüchtlinge aus Nickelsdorf ankommen, sondern auch auf den Rolltreppen. Getragen von einer Welle aus Staunen und Euphorie kommt in diesen Tagen halb Wien zum Bahnhof, Flüchtlinge schauen. Noch ahnt keiner dieser Schaulustigen, dass man sie später mit dem verächtlichen Schimpfwort „Bahnhofsklatscher" belegen wird. Im Moment ist da bloß Neugier.

Doch dann steht da eine Familie vor der Glastür, die zu den Gleisen hinausführt, und schaut ratlos. Die Eltern und die beiden Buben haben je ein Papiersackerl vom Anker in der Hand, es sind Brezeln und Salzstangerln drin, die haben sie offenbar für die Flüchtlinge gekauft. Jetzt strömen die Flüchtlinge, mit suchenden Augen, in bloß zwei Metern Entfernung an den vieren vorüber. Mutter, Vater, Buben müssten bloß die Hand nach ihnen ausstrecken. Doch sie stehen wie erstarrt da. „Wer ist zuständig? Kann man das irgendwo abgeben?", sagt der Vater grantig. Die Mutter will die Sache zügig abschließen und mir ihr Sackerl in die Hand drücken. „Hier bitteschön", sagt sie und dreht sich schon zum Gehen um. „Ich bin aber kein Flüchtling", sage ich irritiert, denn äußerlich hat mich noch nie jemand für eine Araberin gehalten. Bis ich begreife: Auf den letzten beiden Metern, auf denen sie einen konkreten fremden Menschen ansprechen hätten müssen, hat die Familie der Mut verlassen. (Wobei ich ihnen ja ebenfalls fremd war. Aber keine Ausländerin.)

Ein ähnliches Phänomen konnte man ein paar Wochen zuvor, im Sommer während der Versorgungskrise in Traiskirchen, beobachten. Dutzende Menschen hatten damals ihre Kleiderkästen ausgeräumt und waren mit vollgepackten Autos losgefahren, um den Bewohnern des Erstaufnahmezentrums, die das Innenmimisterium absichtlich in Zelten auf dem Boden schlafen ließ, Decken und Gewand zu bringen. Doch vor den Gitterstäben des Lagers angelangt, machte sich spürbar Ratlosigkeit breit. Was tun? Wen ansprechen? Durch die Gitterstäbe greifen? Rufen? Wie wählt man Bedürftige aus? Wie finde ich heraus, wer was braucht? Und wie soll ich überhaupt kommunizieren?

Viele, die die Hilfsbereitschaft bis hierhergetragen hatte, kurvten ein paar Runden durch die Kleinstadt, schmissen die Nerven weg und kippten irgendwann einfach den Inhalt ihres Kofferraums auf die Straße. Jeden Abend blieben damals in Traiskirchen haufenweise Sakkos, Pullover, sogar hochhackige Winterstiefel und Eislaufschuhe auf den Gehsteigen liegen, verdreckten, wurden nass und schließlich im Müll entsorgt. In den Medien und auf Facebook blieben Bilder von undankbaren Flüchtlingen hängen – die die großzügigen Geschenke verschmäht hatten. Dabei hatte man sich ihretwegen so viel angetan!

In dieser Schwierigkeit, Helfer und Hilfsbedürftige im exakt richtigem Moment mit der exakt richtigen Gabe zusammenzubringen, liegt der Grund, warum es professionelle NGOs braucht. In dieser Schwierigkeit liegt jedoch auch der Keim für Kränkungen, die weitreichende Folgen auf die Stimmungslage der Bevölkerung haben können.

Dieser Mechanismus funktioniert so: Man sortiert einen Pullover aus, der einem selbst einmal sehr gefallen hat, der teuer war und mit dem man schöne Erinnerungen verbindet. Das Opfer, das man bringt, wenn man ihn weggibt, fühlt sich daher groß an. Für einen Beschenkten, der im Moment gar keinen Pullover braucht, dem der spezielle Pullover nicht passt oder nicht gefällt, existiert dieser Wert jedoch gar nicht. Er weist das Geschenk zurück – oder nimmt es aus purer Höflichkeit an und legt es später achtlos weg. Schon sind, ohne dass jemand bösen Willens wäre, beim Spender Gefühle verletzt: Ich hab's ja versucht! Ich hab mir Mühe gegeben! Aber schaut her: Die wollen meine Hilfe gar nicht!

Es wird, auch auf der allgemeinpolitischen Ebene, in den folgenden Jahren noch öfter vorkommen, dass solche Kränkungen in Vorwürfe umschlagen, in Bitterkeit oder sogar in Aggression.

Helfen, ohne persönlich involviert zu werden – das geht noch viel extremer. In den vier Jahren mit Fatima haben wir da die unterschiedlichsten Techniken kennengelernt. Beginnen tut es bei den guten Ratschlägen – jeder einzelne wahrscheinlich gut gemeint, aber irgendwann bloß noch eine Plage.

Man sucht konkrete Wohnungen – und kriegt Hinweise auf Maklerbüros, Immobilienseiten und Inserate. Man sucht ein WG-Zimmer für Aman – und kriegt den Link zur Facebook-Gruppe „WG-Zimmer gesucht". Man sucht eine Waschmaschine, ein Ecksofa oder Fußballschuhe in Größe 38 – und kriegt den Tipp, doch bei Willhaben zu schauen. Man sucht jemanden, der mit dem kleinen Mustafa Hausaufgaben macht – und kriegt Links zur Gratis-Nachhilfe an den Wiener Schulen. Man sucht konkrete Jobs – und bekommt den glorreichen Tipp, beim AMS nach offenen Stellen zu fragen. Am meisten ans Herz gewachsen ist mir ein Tipp, der immer passt und den immer irgendwer parat hat: „Frag doch mal bei der Caritas, die können euch sicher weiterhelfen!" Eine Zeitlang sagt man noch brav Danke. Irgendwann möchte man nur noch genervt zurückblaffen: Ja, eh, auf die Idee wär ich selber auch schon gekommen! Aber würden Makler- oder Jobinserate zum Ziel führen, würden wir hier nicht privat Wohnungen und Jobs suchen!

Die Steigerungsstufe der guten Tipps sind Tipps, was man noch alles zusätzlich machen könnte. Genauer: Was WIR noch alles zusätzlich machen könnten. Von der Art: Warum organisiert ihr denn nicht eine Stadtführung für eure Flüchtlinge? Eine Chorgruppe? Ihr könntet ihnen helfen, ihre Jobbewerbungen etwas schöner zu formatieren! Die Fotos müssten aktueller sein. Leichter wäre es ohne Kopftuch! Ihr könntet sie als Babysitter vermitteln! Und wenn sie mit euch Ski fahren lernen würden – wäre das nicht fein?

Sich hilfsbereit fühlen, ohne konkret etwas tun zu müssen: Um diesen Idealzustand auskosten zu können, haben Social Media die perfekte Arena geschaffen. Und die perfekten Tools. Ich kann sie gar nicht mehr zählen, die Vernetzungs-, Vermittlungs- und Beratungsplattformen, die in den vergangenen Jahren entstanden sind. Überall kann man sich anmelden, auf Listen eintragen, Mitglied werden. Vom ersten Dutzend Initiativen erwartet man sich noch etwas. Fatima ist mit den Eckdaten ihrer Biografie – Akademikerin, Mutter von Schulkindern, Frau in einem technischen Beruf, attraktiv und kommunikativ – quasi das Postergirl für alle Vernetzungs-, Mentoring-, Coaching- und Förderprogramme. Überall hat man ihre Geschichte angehört. Überall hat man anerkennend genickt, ihr gutes Deutsch bewundert, ihren Lebenslauf entgegengenommen und beteuert, wie wichtig die richtigen Kontakte und die Vernetzung seien. Und überall ist sie mit einem Tipp rausgegangen, an welche andere Vernetzungsinitiative sie sich noch wenden könnte.

Ergebnis: Null.

Auch den großen Firmen, die sich – zumindest in der Anfangsphase – mit ihrem Engagement für Geflüchtete brüsteten, glauben wir längst kein Wort mehr. Alle versprachen Qualifizierungsoffensiven und Karrierechancen, beschworen die Bedeutung von Diversität für den Erfolg ihres Unternehmens und ließen sich dafür in Medienberichten feiern. Ihr Engagement für Flüchtlinge schmückt inzwischen sicher viele Hochglanzseiten in ihren jährlichen „Corporate Social Responsibility"-Berichten. Für unsere Freundinnen und Freunde bedeutete jeder Versuch hingegen bloß: Bewerbungen, Bemühungen, Aufregung, Erwartungen, endloses Warten auf Absagen, Enttäuschung, Selbstzweifel.

Die konkreten Jobs, die konkreten Wohnungen haben wir immer nur auf der Direttissima gefunden. Der Nachbar, Chef einer kleinen Firma, der sagt: Ihab soll morgen kommen, ich versuch's einfach mit ihm. Die Schwiegermutter der Freundin, die sagt: Ich hab da diese Wohnung zur Geldanlage gekauft, die kann ich vermieten. Die Mitschülerin der Tochter, die sagt: Okay, ich nehm Enisa einfach mal zum Fußballtrainig mit. Die famose Buchhandlung Hartlieb, wo jeden Tag Menschen ein- und ausgehen, auf deren Versprechen man sich verlassen kann. Leute, die sich melden nach einer Radiosendung, nach einem Artikel, die einen ansprechen am Rand einer Diskussionsveranstaltung, und sagen: Hier, ich hab was für euch.

Dass Fatima nach vielen, vielen leeren Kilometern heute ihren ersten realen Job hat, als Lehrlingsausbildnerin in den

Betriebswerkstätten einer großen Transportfirma arbeitet, verdanken wir der Tatsache, dass ich auf einem Ball über das Kleid einer Managerin dieser Firma gestolpert bin.

So schwierig Helfen sein kann – noch schwieriger kann es sein, Hilfe anzunehmen. Niemand deklariert sich gern als „schwach" und „bedürftig". Speziell Menschen wie Fatima, die zu Hause einer gehobenen Schicht angehörten, zu denen andere aufblickten, die Almosen an Bedürftige verteilten, wie es die Pflicht jeder guten Muslima ist, tun sich schwer, den abrupten Statusverlust zu verdauen. Immer wieder beteuert Fatima, wie sehr sie sich um uns kümmern würde, wären wir in Syrien in einer vergleichbaren Notlage gestrandet. Dieses – zumindest theoretische – Gleichgewicht ist ihr wichtig. Man ist anderen nicht gern etwas schuldig.

Über diese Scham legen sich jedoch noch verschiedenste Schichten von Schicklichkeits- und Höflichkeitsregeln, die wir auch nach vier Jahren Bekanntschaft noch nicht vollständig deuten können. Daraus nähren sich unzählige Missverständnisse.

Wir hatten es uns eigentlich schlau ausgedacht: In einer geschlossenen Facebook-Gruppe könnten wir einander erzählen, wie es uns geht, was uns gerade beschäftigt, was wir brauchen könnten und was wir gerade anzubieten hätten. So würde die übriggebliebene Waschmaschine eine Familie finden, die grad eine Waschmaschine braucht; Abdul jemanden, der ihm hilft, sein Bewerbungsschreiben korrekturzulesen. Und x, y und ihre gleichaltrigen Kinder könnten sich spontan zu einer kleinen Gruppe zusammenfinden, um am Wochenende gemeinsam in den Tiergarten zu gehen. Es funktioniert aber einfach nicht. Sind es Sprachprobleme? Ist es Schüchternheit? Ist es die Angst, sich eine Blöße zu geben? Ist es die Scheu, etwas falsch zu machen, jemand anderem etwas wegzunehmen oder als gierig dazustehen? Es scheint eine Hemmung zu geben, „ich will" oder „ich brauche" zu sagen – und bis heute wissen wir nicht, wie viel arabische Kultur da drinsteckt.

Noch schwieriger ist Kommunikation, wenn man weiß, dass andere mitlesen. Nesrin ist die Einzige in der Facebook-Gruppe, die anfangs auf sämtliche Angebote antwortet. Wer braucht einen Schreibtisch, wer will in die Bibliothek gehen, wer braucht Hilfe bei der Schulwahl für die Kinder? Es dauert keine zwei Minuten, und Nesrin sagt: „Ja!" Das freut einen angesichts des dröhnenden Schweigens, das ansonsten meistens herrscht.

Bis Fatima mich eines Tages spätabends anruft, um sich bei mir zu entschuldigen: Ich möge bitte nicht böse auf Nesrin sein. Wieso sollte ich ihr böse sein?, frage ich ratlos. „Es ist unhöflich, dass sie immer etwas nimmt", sagt Fatima. Ich widerspreche: „Ich finde es eher unhöflich, wenn Leute etwas anbieten und niemand nimmt es an." Was wiederum Fatima nicht versteht. Das Gespräch endet damit, dass Fatima mir versichert, Syrerinnen seien normalerweise nicht so wie Nesrin. Wo ich mir eben noch gewünscht hätte, sie wären es.

Das Problem ist bis heute ungelöst. Kommunikation vor Publikum – auch wenn es bloß ein kleiner Kreis ist – beschränkt sich auf Gratulationen und Glückwünsche: Es gibt Blumensträuße und animierte tanzende Kaninchen zu

Ramadan, Ostern, Newroz und Weihnachten, zum Muttertag, Frauentag, Ersten Mai und zum positiven Asylbescheid (wenigstens eines, worauf wir uns einigen können). Alles andere – konkrete Probleme, Fragen, aber auch Erfolgserlebnisse – wird einem nur persönlich mitgeteilt. Beim Tee. In privaten Nachrichten, spätnachts. Und häufig nicht einmal das.

Immer wieder chatte ich Leute an, frage nach, was es Neues gibt, drängle, nerve, fühle mich manchmal beinahe schon wie eine Stalkerin. „Warum meldest du dich nie?", frage ich Walid, einen nachdenklichen jungen Mann, von dem ich weiß, dass er wenig Kontakte hat. „Weil ich noch keine Arbeit habe", sagt er. „Aber wie sollen wir dir bei der Jobsuche helfen, wenn du dich nie meldest?", sage ich. Lange Pause. „Ich will dich glücklich machen", antwortet er. Aus der unbeholfenen sprachlichen Wendung höre ich heraus: Er geniert sich und will sich erst melden, wenn es einen Erfolg zu verkünden gibt. Das rührt mich. (Obwohl ich natürlich auch hier ein Missverständnis nicht ausschließen kann.)

Sind wir naiv? Ahnungslos über den wahren Charakter der Geflüchteten? Lassen wir uns ausnützen, instrumentalisieren für den großangelegten Umsiedlungs- und „Umvolkungsplan", der hinter der Flüchtlingskrise steckt? Man hat das in diesen vier Jahren oft gehört.

Tatsächlich hat das Narrativ vom großen Plan, mit dem ein „Bevölkerungsaustausch" in Europa vorangetrieben werden solle, seit 2015 einen bemerkenswerten Sog entwickelt. In die Welt gesetzt hat diese These der französische Autor

Renaud Camus. Breitenwirksam wurde sie jedoch erst nach der Flüchtlingskrise von 2015 und mit der Übersetzung von Camus' Buch ins Deutsche durch den rechtsextremen Ideologen Martin Lichtmesz. Heftig von den Identitären beworben, macht die Verschwörungstheorie seither ihre Runden und kursiert auf rechtsextremen Info-Plattformen, in Videos hetzender Youtuber, in Postings und Leserbriefen. Versatzstücke aus diesem Narrativ finden sich bisweilen auch in Mainstreammedien, mit dem Regierungseintritt der FPÖ sickerten sie sogar bis in die österreichische Regierungspolitik hinein. Vom drohenden „Bevölkerungsaustausch" sprach ein österreichischer Vizekanzler. Der Attentäter von Christchurch rechtfertigte im April 2019 seinen Massenmord mit dem angeblichen „Great Replacement Plan".

Die Mär geht so: Die UNO habe, in den Neunzigerjahren des vergangenen Jahrhunderts schon, den Plan gefasst, die „autochthone" Bevölkerung Europas durch Zuwanderer aus anderen Kontinenten zu ersetzen. Ziel sei es, die weiße/christliche Identität Europas immer weiter auszuhöhlen (wer „weiß" sagt, hat eher rassistische Muster im Kopf; wer „christlich" sagt, eher kulturkämpferische). Dies so lange, bis Europa der „feindlichen Übernahme" durch „kulturfremde Afrikaner und Asiaten" nichts mehr entgegenzusetzen habe.

Als Beleg für diese These dient das Wort „Replacement Migration", ein trockener Fachbegriff aus der Demografie, der lange bloß auf Fachkonferenzen verwendet wurde und in englischsprachigen wissenschaftlichen Publikationen vorkommt, etwa in UN-Reports. Das Wort „replacement" bezieht sich dabei nicht auf konkrete Personen, die durch andere „ersetzt" werden sollen, sondern auf die Statistik: Wenn ein Land trotz sinkender Geburtenraten seine Bevölkerungszahl stabil halten will, muss es den Bevölkerungsrückgang durch Zuwanderung ausgleichen. Aus dieser schlichten Tatsachenfeststellung wurde durch absichtliches Missverstehen das Drehbuch zu einer globalen Verschwörung.

Bei der Ablehnung des UN-Migrationspakts durch Österreich flossen Versatzstücke dieser Lesart in offizielle Papiere des Außenministeriums ein (die Übersetzung des Terminus „regular migration" durch „planmäßige Migration" wurde direkt von rechtsextremen Plattformen übernommen). In Ungarn ist diese Sichtweise offizielle Regierungslinie: Viktor Orbán hält den amerikanischen Milliardär George Soros, der ungarisch-jüdischer Abstammung ist, für den Mastermind des Umsiedlungsplans und die deutsche Kanzlerin Angela Merkel für dessen Vollstreckerin. Andere sind bei der Identifizierung der Drahtzieher weniger genau und begnügen sich mit vagen Hinweisen auf die verhassten „Eliten", „das globale Finanzkapital" oder „Konzerninteressen".

Leute wie wir jedenfalls haben in diesem Drehbuch eine klar zugewiesene Rolle: Wir sind die Handlanger der Profiteure. Wir leisten dem Bevölkerungsaustausch Vorschub, indem wir Fremde zu vollwertigen Mitgliedern unserer Gesellschaft machen wollen. Wir tun das, vermuten die Verschwörungstheoretiker, entweder aus Dummheit oder aus perfidem Kalkül. Helfen wird so jedenfalls zum „Verrat am eigenen Volk". Und der Hass auf die Fremden schlägt in mindestens ebenso großen Hass gegen NGOs und private Aktivisten um.

✳

Österreich ist in den vier Jahren, seit Fatima hier ist, deutlich in zwei Lager zerfallen. Sie stehen einander unversöhnlich gegenüber, getrennt von einem abgrundtiefen Graben, über den hinweg Kommunikation kaum mehr möglich ist. Sinnbildlich drückte sich diese Fünfzig-zu-fünfzig-Spaltung bei der Bundespräsidentenwahl aus, mit deren knappem Ergebnis. Auf der einen Seite jene Kräfte, die grundsätzlich für Weltoffenheit und ein „Wir schaffen das" stehen. Auf der anderen Seite jene, die Österreich gegen alles Fremde abschotten wollen. Aus der hasserfüllten Art, wie die beiden Lager in den Social Media aufeinander losgehen, könnte man schließen, sie lebten auf verschiedenen Planeten. Doch im Mikrokosmos kommt man drauf, wie eng die beiden Seiten mitunter beieinanderliegen. Im selben Dorf, in derselben Familie. Mitunter kommen sie sogar in ein- und derselben Person vor.

Soll man Flüchtlingen helfen oder nicht? Wenn man will, findet man gute Argumente für ein Ja ebenso wie für ein Nein. Anlagen für beide Handlungsstränge sind in jeder Persönlichkeit angelegt. Häufig ist es bloß der Zufall, der den Ausschlag gibt, welche Anlage getriggert wird, und auf welcher Seite man sich einreiht. Eine persönliche Begegnung mit einem Geflüchteten vielleicht. Ein besonders positives oder ein besonders negatives Erlebnis. Ein guter Freund oder eine bewunderte Kollegin, die einem in die eine oder in die andere Richtung einen kleinen Stups gibt. Hat man erst einmal den einen oder anderen Weg eingeschlagen, wird man immer mehr Belege dafür finden, dass die Anfangsentscheidung die richtige war – weil die Erwartungshaltung selbstverständlich das Handeln beeinflusst, die Atmosphäre und die Reaktionen des Gegenübers. Und man immer mehr Folgeerfahrungen macht, die einander verstärken.

Dieser Mechanismus kann erklären, warum der Umgang mit Geflüchteten in dem einen Dorf vorbildlich gelingt – und im Nachbardorf gar nicht. Warum ein Flüchtlingsheim in einem Stadtviertel positive Energie bei den Nachbarn freisetzt und anderswo Aggression und Konflikte enstehen. Die Menschen im Dorf X unterscheiden sich nicht grundsätzlich von den Menschen im Dorf Y. Ob die Stimmung in die eine oder andere Richtung kippt, hängt häufig von wenigen Personen ab. Eine Respektsperson – der Bürgermeister, der Pfarrer, die Wirtin, die Schuldirektorin oder ein anderer Multiplikator – schlägt ein paar Pflöcke ein. Dann sind urmenschliche Kräfte am Werk: Beziehungen, Erfahrungen, Eitelkeit. Man gewinnt Sozialprestige, wenn man sich auf der dominanten Seite einreiht. Umgekehrt stellt man sich, wenn man nicht dabei ist, ins Abseits. Und so entsteht eine Dynamik, die viele andere mitzieht.

Denselben Mechanismus kann man genauso gut von der anderen Seite her aufdröseln. Wer sich – aus welchen Zufällen auch immer – entschieden hat, *nicht* zu helfen, muss das vor sich selbst irgendwie rechtfertigen; schließlich haben die meisten Menschen das Selbstbild, grundsätzlich „gut" zu sein. Am einfachsten ist dieser Widerspruch aufzulösen, wenn man Gründe findet, warum der andere Hilfe gar nicht verdient. Viele Horrorgeschichten über Flüchtlinge lassen sich durch diesen Mechanismus erklären. Ebenso die Bereitwilligkeit, absurden Gerüchten Glauben zu schenken und diese weiterzuverbreiten. Jede einzelne negative Information über Flüchtlinge tut dem eigenen Selbstbild gut – weil sie bestätigt, dass die Entscheidung, nicht zu helfen, richtig war. Prototypisch dafür war der Fall des afghanischen Vorzeigelehrlings in Oberösterreich: Für den damaligen FP-Politiker Johann Gudenus war die Welt erst wieder in Ordnung, als er den jungen Mann – ohne jeden Anhaltspunkt – als angeblichen „Terrorsympathisanten" diffamieren konnte.

Diesen Gedanken kann man noch weiterspinnen. Denn wären Flüchtlinge tatsächlich allesamt integrationsunwillige, respektlose, gewalttätige, gar kriminelle Menschen, *dürfte* man ihnen gar nicht helfen. Statt zu sagen: „Ich habe einfach keine Lust/keine Zeit mich zu beteiligen", sagt man dann: „Solchen Leuten zu helfen schadet dem Gemeinwohl; ich leiste daher eine gute Tat, indem ich ihnen Hilfe verweigere."

Und schon ist man wieder auf der moralisch überlegenen Seite (wo am Ende ja doch jeder am liebsten steht).

Das bestimmende Gefühl der vergangenen Jahre ist die Ohnmacht. Es ist alles so groß, so komplex geworden: die Globalisierung, die ökonomischen Zusammenhänge, der Klimawandel, die Digitalisierung – und überhaupt China! Man fühlt sich ausgeliefert, hin und her geschleudert wie ein Korken auf dem großen, weiten Meer und kann nur bangen und hoffen, dass es einen nicht gegen einen Felsen knallt. Man kann nicht eingreifen. Man hat schon Glück, wenn man seinen eigenen Kopf über Wasser halten kann. Früher gab es Gott, in dessen Hände man sein Schicksal vertrauensvoll legen konnte. Aber Gott ist heute weit weg.

Die Bilder, als 2015 die Grenzzäune von den Flüchtlingen vorübergehend niedergerannt wurden, haben diese Urangst getriggert: Da geschieht etwas, das ich nicht aufhalten kann. Auch in den Warnungen vor „Umvolkung" und „Islamisierung" steckt diese Angst drin: Die anderen sind stärker als ich, die begraben mich unter sich, keiner achtet auf mich. Ich verschwinde, werde überwältigt, gehe unter. Ich kann bloß zuschauen, wie gelähmt, wie das Kaninchen vor der Schlange.

Wer es hingegen fertigbringt, in diesem angstmachenden Moment selbst ins Geschehen einzugreifen, und sei es mit einer noch so winzigen Handlung, macht sich selbst zum Teil der Geschichte. Er erlebt sie als gestaltbar, beeinflussbar: Ob ich etwas tue oder nicht, macht einen Unterschied. Das kann eine Kleinigkeit sein – ein Glas Wasser, Strom fürs Handy, ein paar freundliche Worte, eine Einladung. Wenn sie in einem entscheidenden Moment passiert, kann eine derartige Intervention sich in die Biografie eines Menschen einschreiben. Und der Helfende legt die Ohnmacht ab.

Wie hatte Angela Merkel gesagt? „Wir schaffen das!" Viel wurde deswegen über sie gelästert. Doch sie meinte genau das: Dass es noch offen ist, wie die Flüchtlingskrise ausgeht. Dass es nicht voherbestimmt ist, ob sie dereinst als Erfolgskapitel in die Geschichte eingehen wird oder als Tragödie. Merkel hat gemeint, dass es davon abhängt, was „wir" tun. „Wir schaffen das" heißt: Wenn man sich gemeinsam vornimmt, eine Aufgabe wirklich bewältigen zu wollen, und sie dafür in tausend kleinere Teilaufgaben zerlegt, ist beinahe alles machbar.

Idealtypisch geschah dies etwa in Vorarlberg. Dort sagte die Landesregierung: Jede Gemeinde übernimmt ein paar Geflüchtete und die Verantwortung für ihr Wohlergehen, Punkt. Alle Gemeinden haben das tatsächlich irgendwie geschafft, egal ob sie anfangs wollten oder nicht. Sie sind daran gewachsen und haben Selbstvertrauen getankt. Und es ist sicher kein Zufall, dass der Widerstand gegen Verschärfungen in der Flüchtlingspolitik in Vorarlberg heute am heftigsten ist.

Womit wir bei der inzwischen über die Ibiza-Affäre gestolperten ÖVP-FPÖ-Regierung sind. Und dem Zweifel: Wollte sie überhaupt, dass wir „es schaffen"? Wollte sie Probleme tatsächlich lösen – oder war sie, im Gegenteil, froh über jedes Problem, das beweist, dass ein gedeihliches gesellschaftliches Miteinander gar nicht möglich ist?

Viel ist von „Integration" die Rede gewesen in diesen vier Jahren mit Fatima. In dieser Zeit hat das Wort viel von seiner ehemaligen Unschuld verloren. Man konnte dabei zuschauen, wie es von einem positiv besetzten Begriff zu einem Kampfruf mutierte. Anfangs sagte die Regierung noch: „Integriert euch gefälligst!" Dann ging Schwarz-Blau einen Schritt weiter und definierte neue Zielmarken: Das Ziel war nicht mehr die bestmögliche Integration möglichst vieler Menschen, die bei uns leben, sondern die Ausreise möglichst vieler fremder Menschen. Erfolgreiche Integration stand diesem Ziel bloß im Weg.

FPÖ-Politiker auf allen Ebenen, allen voran die damaligen FPÖ-Minister Norbert Hofer, Herbert Kickl und Beate

Hartinger-Klein, sprachen diesen Paradigmenwechsel mit klirrender Klarheit aus: Allzu enge Kontakte von Asylwerbern mit der einheimischen Bevölkerung sind eigentlich unerwünscht – denn sie machen es mühsamer, Leute außer Landes zu schaffen. Schulklassen, die um ihre Mitschüler weinen; Sporttrainer, Dorfwirtinnen und Nachbarn, die gegen die Abschiebung ihrer Schützlinge auf die Straße gehen – solche herzzerreißenden Bilder kann die Politik nicht brauchen.

Ziel ihrer Flüchtlingspolitik war es also, das Entstehen von Beziehungen von vornherein zu verhindern. Durch die Kasernierung von Asylwerbern, durch Ausgangssperren, durch kurzfristige Quartierwechsel und Mobilitätsbeschränkungen, durch die Abschaffung von Kursen, Lehren und Schulbesuch und durch neue Schikanen für gemeinnützige Hilfstätigkeiten in der Gemeinde. Die Kürzung des Stundenlohns auf 1,50 Euro, die Herbert Kickl für Asylwerber durchzusetzen versuchte, war dabei gar nicht das Hauptproblem. Viel wichtiger war: Die Fremden sollen gedemütigt werden. Sie sollen die gemeinnützige Tätigkeit am besten bleiben lassen. Niemand sollte sie als „arbeits- und integrationswillig" erleben und ein positives Bild von ihnen bekommen.

Was aber heißt das für Bürgerinnen und Bürger, die immer noch der altmodischen Idee anhängen, dass Leistung zählt? Dass belohnt werden sollte, wer sich bemüht? Viele private Vereine und Helferinnen und Helfer im ganzen Land wurden in den letzten Jahren vor den Kopf gestoßen. Pensionistinnen, die mit Geflüchteten Deutsch üben und mit Kindern Hausaufgaben machen. Anständige private Wohnungsbesitzer, die sich um ihre Mieter mehr kümmern als notwendig.

Fußballtrainer, Obleute der Freiwilligen Feuerwehr, Lehrerinnen und Lesepaten. Mittelständische Unternehmer und Unternehmerinnen, die Asylwerber als Lehrlinge eingestellt haben. Eltern, die unbegleitete Jugendliche als Patenkinder bei sich aufgenommen haben. Viele, viele Menschen, die Energie, Gefühle und eigenes Geld investiert haben. Die den Staat eigentlich als den „ihren" begreifen und sich selbst als zivilgesellschaftliche „Leistungsträger".

Plötzlich war da eine Regierung, die das Engagement seiner Bürger schroff zurückwies. Mehr noch: Die diese Zurückweisung im Extremfall sogar mit einem Schuss Sadismus würzte. Einem Mann, der für seinen afghanischen Schützling eine Garantieerklärung unterschrieben hatte, wurde vom Innenministerium eine Rechnung geschickt – er möge doch bitte die Kosten für dessen Abschiebeflug begleichen. Man konnte förmlich zuschauen, wie da die anfängliche Ungläubigkeit allmählich in Fassungslosigkeit umschlug: Was, unser Beitrag zum Gemeinwohl ist unerwünscht? Mehr noch: Ihr werft uns absichtlich Knüppel in den Weg, beschimpft uns, macht euch über uns lustig?

Auch nach dem Sturz dieser Regierung muss man befürchten: Hier ist eine Entfremdung passiert. In Wählerstimmen gerechnet sind diese Entfremdeten wahrscheinlich zu wenige, um im wahltaktischen Kalkül der Regierungsparteien eine große Rolle zu spielen. Dennoch droht hier in der Beziehung zwischen Bürgern und Staat etwas kaputtzugehen, das so leicht nicht wieder zu kitten sein wird. Und das ist riskant.

Denn könnte nicht schon bald eine Situation eintreten, in der der Staat auf die Zivilgesellschaft angewiesen ist? Ein

Erdbeben. Eine plötzliche ökonomische Krise. Eine ökologische Katastrophe. Eine Situation jedenfalls, in der es darauf ankommt, dass möglichst viele sich zuständig fühlen und anpacken.

Was sagen wir dann der Regierung? „Keine Sorge – wir helfen mit, gemeinsam schaffen wir das"?

Ich hätte gern, dass Fatima das letzte Wort in dieser Geschichte hat. Aber das ist nicht so einfach, denn sie ist zwar höflich, aber gibt mir nie genau das, was ich von ihr will. Es war schwer genug, ihr die Zustimmung für dieses Buch abzuringen. Sie hat ja begriffen, welche Veränderungen Österreich durchmacht, seit sie da ist, und wie sich permanent die Rolle verändert, die man ihr zuschreibt. Vielleicht hätte sie sich gefreut, wäre in diesen vier Jahren alles glattgegangen und könnte ich sie hier als Postergirl für die Turbo-Integration einer gläubigen Muslima präsentieren. Aber das kann ich leider nicht. Und wir hadern immer noch mit der Frage, an wem das liegt.

Fatima kam in ein Land, das sie euphorisch begrüßte. Mit vier Jahren Abstand mutet es fast seltsam an, mich an den Stolz zu erinnern, der mich erfüllte, als wir damals, Hand in Hand mit ihren Kindern, zur Schule stolzierten, wo sie feierlich empfangen wurde wie eine kostbare Trophäe. Wenn ich heute mit Fatima auf dem Gehsteig gehe, rechne ich jede Minute mit bösen Blicken. In der U-Bahn achte ich darauf, mit ihr im Gespräch zu bleiben. Möglichst freundlich, möglichst vertraut soll es zwischen uns klingen, und die Umstehenden sollen Gelegenheit haben mitzuhören, wie schön sie spricht.

Als mir diese Angewohnheit erstmals bewusst wurde, dachte ich: Vielleicht ist das mein Versuch, sie vor Übergriffen zu schützen. Inzwischen kann ich es genauer benennen: Es ist mein Versuch, mich selbst zu schützen. Ich will von der hässlichen Seite Österreichs so wenig wie möglich sehen. Erst recht nicht in Fatimas Gegenwart.

Anfangs hatte Fatima noch gemeint, sie sei – samt ihrer Angst, ihrer existenziellen Erschütterung, ihrer Verwundbarkeit – in einem Land gestrandet, das sich seiner Sache sicher ist. So stellt sich Westeuropa ja oft dar im Rest der Welt: fest überzeugt von der Überlegenheit unseres demokratischen Systems und unseres weltlich-liberal-aufgeklärten Gesellschaftsmodells. Fatima war bewusst, dass ihr – mit ihrer kulturellen Prägung, ihrer Religion, ihrer Biografie – hier vieles fremd sein würde. Dass man ihr ein fremdes, hartes Regelwerk vorsetzen würde, mit dem sie würde zurechtkommen müssen. Sie war bereit, sich Mühe zu geben, und hatte durchaus damit gerechnet, dass die Anpassung schwierig werden würde. Anfangs dachte Fatima jedoch: Es sei alles eine Frage der Sprache. Wenn sie etwas nicht verstand, führte sie es darauf zurück, dass ihr Deutsch einfach noch nicht gut genug war.

Inzwischen jedoch ist ihr Deutsch gut genug, und es wird klar, dass viele Missverständnisse nicht an Sprachproblemen liegen. Sie liegen – auch – an uns. Fatima wirkt manchmal ehrlich verwundert, wie unklar die Regeln im angeblich so selbstsicheren Westen formuliert sind. Sie durchschaut, wie wackelig wir oft argumentieren, was unsere Grundsätze betrifft. Und wie schnell sich diese ändern können, von einem Tag auf den anderen.

Menschenrechte, die für alle gelten? Gleichberechtigung? Liberalismus? Rechtsstaatlichkeit? Respekt vor der Vielfalt der Lebensentwürfe? Persönliche Freiheit? Mehr als einmal war ich schon in Erklärungsnotstand, weil ich genauer definieren musste, wie das eigentlich gemeint ist. Ob diese Grundsätze alle nur hochgehalten werden, solange Gleichgesinnte mit Gleichgesinnten zu tun haben. Oder ob sie auch für jemanden gelten, der anders ist.

In diesem Sinn haben die vier Jahre mit Fatima mich gescheiter gemacht.

EPILOG

„ Eigentlich hatte ich die Hoffnung schon verloren, dass wir es jemals schaffen werden. Neulich mussten wir ins Wirtschaftsministerium gehen, um eine Bestätigung über Mohammeds syrische Ausbildung zu bekommen. Sie haben uns hierhin geschickt und dann dorthin, dann zur Wirtschaftskammer, dann wieder zurück, und am Ende war die Bestätigung falsch und wir waren schon total verzweifelt. Sehr vieles ist sehr kompliziert hier. Auch ich habe auf die meisten Bewerbungen gar keine Antwort bekommen. Ich habe schon überlegt: Wir werden uns unsere Wohnung bald nicht mehr leisten können. Wir werden aus Wien wegziehen müssen, oder ich muss putzen gehen. Ich putze gern meine Wohnung. Aber als Job wäre das ein Albtraum für mich.

Warst du schon einmal arbeitslos? Es ist ein furchtbares Gefühl. Ich will nie mehr zum AMS und nie mehr zum Sozialamt. Ich finde es auch schlimm vor den Kindern. Leyla weiß ja, dass wir in Syrien beide berufstätig waren. Hier haben uns die Kinder schon gefragt: Warum habt ihr keinen Job? Alle Eltern unserer Freunde arbeiten, nur ihr nicht. Das war sehr peinlich für uns.

In Syrien ist es ja so: Ein Universitätsdiplom zählt sehr viel, vor allem in Technik oder Medizin. Wenn du das hast, bekommst du vom Staat einen Job, mit der höchsten Gehaltsstufe auf der Tabelle, mit einem Dienstauto und einer super Krankenversicherung. Ich war sehr stolz auf mein Diplom. Es war schwer für mich, als ich gemerkt habe, dass es hier nichts wert ist. Die Leute legen es einfach weg und sagen:

Das ist lang her, das brauchen wir alles nicht, du musst hier nochmal von vorn beginnen.

Aber stell dir vor: Jetzt, in meiner Firma, bin ich genau am richtigen Ort. Dort brauche ich, was ich auf der Uni in Aleppo gelernt habe! Ich mache seit einigen Wochen ein Arbeitstraining in den Betriebswerkstätten eines großen Transportunternehmens. Meine Aufgabe ist, Lehrlinge in ECDL und in technischem Zeichnen zu unterrichten. Und weißt du was: Ich erinnere mich an alles! Es wundert mich sogar, dass ich noch so viel weiß, obwohl inzwischen so vieles passiert ist. Ich muss die Skripten für den Unterricht selbst zusammenstellen. Bis spät in der Nacht sitze ich jetzt immer vor dem Laptop und bereite mich vor.

Anfangs habe ich gedacht: Unterrichten – das schaffe ich nie! Werden mich die Lehrlinge akzeptieren? Eine Frau mit Kopftuch? Und alles auf Deutsch! Aber es ist wie bei einem Flugzeug. Beim Starten braucht es sehr viel Kraft. Aber wenn es einmal in der Luft ist, geht es viel leichter. Wie sagt man, Reiseflughöhe? Ich bin jetzt beim Starten. Ich bin noch ein bisschen schief in der Luft. Aber ich strenge mich sehr, sehr an. Wenn ich alles gut mache, werden die ÖBB mich in einen fixen Job übernehmen. Ich hoffe so sehr, dass das klappt!

In meiner Lehrlingsgruppe sind 15 Burschen und ein Mädchen. Einer hat blaue Haare. Sie sind manchmal laut. Und sie lernen zu Hause nicht, dann muss ich alles noch einmal wiederholen. Einmal haben sie am Ende der Stunde auf die Uhr geschaut und die Sekunden heruntergezählt: Fünf, vier, drei, zwei, eins. Was soll ich sagen: Teenager! Ich habe zum ersten Mal mit österreichischen Teenagern zu tun.

Sie sind cool. Man kann nicht so streng mit ihnen sein. Aber meistens akzeptieren sie mich. Wenn sie Dialekt reden, sage ich: Hört auf, chinesisch zu sprechen, sonst gibt es eine Strafe, dann erkläre ich euch alles nur noch auf Arabisch! Dann lachen sie.

Ich finde ja inzwischen: Deutsch ist leichter als Englisch. Logischer. Dativ, Akkusativ – die Struktur ist ähnlich wie im Arabischen. Mich nerven nur die Artikel. Die sind wirklich nicht notwendig! Wenn ich einen Artikel nicht weiß, sage ich: Wo ist derdiedas Raum?

Die Chefs sind sehr nett. Bitte sagt mir, wenn ich etwas falsch mache, habe ich sie gebeten, ich bin ja keine ausgebildete Lehrerin. Einmal hat einer mich wirklich korrigiert. Ich habe zu einem Schüler gesagt: „Du bist ein Streber!" Ich wollte ihn loben, weil er so schön gezeichnet hat. Ich habe nicht gewusst, dass es ein böses Wort ist. Warum verwendet man eigentlich ein Schimpfwort für Menschen, die viel lernen wollen?

Es gibt eine Kantine, in der alle zu Mittag essen. Aber ich esse nicht gern zu Mittag, weil ich sonst keinen Hunger mehr habe, um am Nachmittag mit der Familie zu essen. Außerdem kostet das Essen 4,50 Euro, das ist teuer. Ich habe den Chef gefragt: Ist es okay, wenn ich mir etwas Kleines in der Jausenbox mitbringe? Ich will keine Fehler machen. Ich will nicht, dass die Kollegen denken, dass ich unhöflich bin. Jetzt sitzen wir manchmal gemeinsam am Tisch, sie mit ihren Tellern, ich mit meiner Box, ich glaube, es ist okay so.

Nächste Woche beginnt ja der Ramadan. Ich freue mich sehr darauf. Ich weiß, dass dir das nicht gefällt! Aber du musst wissen: Fasten ist sehr gesund für den Körper. Der

Magen erholt sich, die Zellen erneuern sich. Das ist wissenschaftlich bewiesen! Man fühlt sich nachher viel jünger und viel besser. Letztes Jahr habe ich im Ramadan sechs Kilo abgenommen! Du solltest das auch einmal versuchen!

Die einzige weibliche Kollegin ist letzte Woche nach Linz umgezogen. Jetzt bin ich nicht nur die einzige Frau mit Kopftuch bei der Arbeit, sondern überhaupt die einzige Frau. Mich überrascht das. In Syrien, an der Technischen Universität, waren wir viele Frauen, vielleicht ein Drittel oder die Hälfte der Studenten, in allen Fächern außer bei den Automechanikern. Bei uns arbeiten viele Frauen in technischen Berufen. Warum ist das hier anders?

Ich muss noch erzählen, dass ich inzwischen schwimmen kann. Es war gar nicht so schwer, wie ich dachte! Ich glaube, das Problem war, dass mein Vater mir damals, als er es mir als Kind beibringen wollte, nicht die richtigen Bewegungen gezeigt hat. Er ist mit uns nur zum Euphrat gefahren und hat gesagt: Geh ins Wasser und versuch's! Ich bin aber ein Mensch, der eine genaue Anleitung braucht, wenn ich etwas lerne. Ich bin Technikerin. Jetzt habe ich einen Kurs gemacht, und plötzlich ging es ganz einfach. Ich hatte gar keine Angst mehr. Ich liebe schwimmen! Als Nächstes will ich Ski fahren lernen. Und tauchen.

Mein Vater ist leider vor einigen Wochen gestorben. Es war sehr schwer für mich und meine Schwester, dass wir nicht bei ihm sein konnten. Er war 74 Jahre alt. Er war schon lange herzkrank und musste Medikamente nehmen. Aber seit dem Krieg waren die Medikamente sehr teuer, oft hatte er kein Geld dafür oder es gab keine in der Apotheke zu kaufen. Es war schlimm, dass wir uns nicht von ihm verabschieden konnten. Dass wir nicht bei seinem Begräbnis waren.

Wir waren früher eine große Familie, aber das Begräbnis muss sehr einsam gewesen sein. Nicht nur wir zwei Schwestern haben gefehlt, sondern auch zwei meiner Brüder. Denn die Eltern leben im von der Regierung kontrollierten Gebiet. Der eine Bruder kann nicht dorthin fahren, weil er sonst sofort zum Militär eingezogen würde. Der andere Bruder muss sich ebenfalls woanders verstecken, weil es einen Mann mit genau gleichem Namen gibt, der von den Behörden gesucht wird. Mein Bruder würde deswegen sofort in Schwierigkeiten geraten, wenn er nach Hause kommt. So etwas kann in Syrien sehr schlecht ausgehen.

Mein größter Wunsch wäre, dass wir dieses oder nächstes Jahr unsere Mutter irgendwo treffen könnten. Vielleicht im Libanon. Es ist sehr schwierig, so etwas zu organisieren, und es kostet viel Geld, aber manchen Leuten gelingt es. Wir skypen jetzt fast jedes Wochenende mit ihr, die Telefonverbindungen sind etwas besser geworden, aber ich merke, dass meine Kinder die Verbindung zu ihrer Großmutter verlieren. Leyla erinnert sich noch gut an ihre Oma. Aber die Jüngste, Jenna, war noch zu klein, als wir weggingen. Für sie ist ihre Oma eine Fremde. Es tut mir weh, das zu sehen.

Es tut mir auch weh, wenn ich höre, dass die beiden jüngeren Kinder deutsch miteinander sprechen, wenn sie im Zimmer allein sind. Sie verlieren ihr Arabisch. Ich finde das traurig. Kannst du das verstehen? **"**

SYRIEN, IM FRÜHJAHR 2019

Der Islamische Staat ist territorial besiegt. Die letzten vorher von den Islamisten gehaltenen Gebiete sind unter der Kontrolle kurdischer Kämpfer. Die IS-Milizionäre sitzen entweder in Gefangenenlagern im Irak und sind dort mit der Todesstrafe bedroht. Oder sie sind untergetaucht und warten auf eine Gelegenheit, sich neu zu organisieren. Vielleicht bereiten sie inzwischen schon Attentate in Westeuropa vor.

Auf den Trümmern des Bürgerkriegs hat Staatschef Baschar al-Assad inzwischen seine diktatorische Macht gefestigt. Mit russischer Hilfe hat er mittlerweile die meisten Landesteile unter seiner Kontrolle; die USA, die zuletzt nur noch halbherzig die kurdischen Befreier unterstützten, werden das Feld wohl bald räumen. Assad steht dann stärker da als je zuvor. In Daraa, wo vor acht Jahren die Revolte begann, ließ er im März eine riesige Bronzestatue seines Vaters Hafez errichten. Sie ragt über ein Trümmerfeld.

Assads Regime hat in seinen Folterkellern mehrere tausend Menschen umgebracht, und damit wird es nach seinem militärischen Sieg definitiv nicht vorbei sein. Es gibt allerdings keinerlei Anzeichen, dass die UNO den Internationalen Strafgerichtshof mit Ermittlungen zu diesen Verbrechen beauftragen würde. Auch die Forderungen des Auslands nach einem Rücktritt des Diktators sind mittlerweile beinahe völlig verstummt. Die Sanktionen, die sich speziell gegen Angehörige der regierungstreuen Elite richten, sind zwar noch in Kraft. Doch der Ruf nach ihrer Aufhebung wird in Westeuropa immer lauter. Assad darf sogar darauf hoffen, dass die EU ihm beim Wiederaufbau des völlig zerstörten

Landes mit Geld unter die Arme greift. Denn je „normaler" die Lage in Syrien scheint, desto eher werden europäische Länder jene Flüchtlinge, die sie 2015 aufgenommen haben, zurückschicken können.

Von den 21 Millionen Einwohnern Syriens sind in den sechs Bürgerkriegsjahren 5,5 Millionen ins Ausland geflohen, mehr als sechs Millionen wurden innerhalb des Landes vertrieben. Die EU fokussiert ihre Politik derzeit darauf, die Nachbarstaaten Libanon und Türkei mit Geld zu unterstützen, damit die Flüchtlinge in der Region bleiben und nicht weiterziehen. Mit den EU-Hilfen werden etwa die Gesundheitsversorgung und der Schulbesuch der Flüchtlingskinder finanziert. Speziell im Libanon ist man der permanenten Ausnahmesituation aber schon längst müde.

Erste Geflüchtete kehren aus Europa freiwillig nach Syrien zurück. Speziell jene, bei denen die Familienzusammenführung nicht geklappt hat und die, zerfressen von Heimweh und Sorge, jahrelang von ihren Angehörigen getrennt lebten. Ob Assad seine geflüchteten Landsleute überhaupt zurück ins Land lässt, ist unklar. Ebenso, was mit den Rückkehrern geschieht. Jene, die ihre Besitzansprüche in Abwesenheit nicht rechtzeitig angemeldet haben, wurden inzwischen formell enteignet. Es gibt erste Berichte über Heimkehrer, die von der Geheimpolizei einbestellt wurden und nicht mehr aufgetaucht sind.

Die Internationale Organisation für Migration (IOM) jedenfalls rät von der freiwilligen Rückkehr nach Syrien dringend ab.

DIE AUTORIN

Foto: Katharina Gossow

Sibylle Hamann, geb. 1966, studierte Politikwissenschaft in Wien, Berlin und Peking. Sie begann als Journalistin in der Auslandsredaktion der Tageszeitung *Kurier*. 1996 wechselte sie zum Wochenmagazin *Profil*, wo sie viele Jahre lang Auslandsreportagen schrieb, auch aus Krisengebieten (Zentralafrika, Nahost, Balkan, Afghanistan). Zeitweise war sie Korrespondentin in New York.

Seit 2006 arbeitete Sibylle Hamann freiberuflich als Journalistin, Autorin, Moderatorin und Vortragende. Sie schrieb eine wöchentliche Kolumne in der Tageszeitung *Die Presse* und Reportagen über gesellschaftspolitische Themen für die Wiener Wochenzeitung *Falter*. Daneben unterrichtete sie Journalismus an der FH Wien.

Hamann wurde mit wichtigen Journalistenpreisen ausgezeichnet, u.a. 2016 mit dem Prälat-Leopold-Ungar-Journalist*innenpreis der Caritas für den Bericht „Elf Monate mit Fatima".

Bücher: „Dilettanten unterwegs", Picus Verlag 2007, „Weißbuch Frauen, Schwarzbuch Männer" (gemeinsam mit Eva Linsinger), Deuticke 2008, „Saubere Dienste", Residenz 2012.

2019 kandidiert sie auf der Liste der Grünen für den Nationalrat.